어휘의 힘으로 완성하는 초등 비문학 독해 첫걸음

김연수(한문 교과서 집필 위원, EBS 수능 한문 강사) 지음

최소한의 초등 독해

1권

다블북

공부가 쉬워지는 독해 자신감!

여러분, 처음 한글을 배울 때를 기억해 보세요.

짧은 단어를 읽다가 점점 긴 문장을 읽고, 드디어 한 편의 글을 다 읽었을 때의 성취감은 참 특별했지요. 우리는 매일 수많은 글을 만나요. 길을 가며 보는 안내문, 물건을 사용할 때 필요한 설명서, 그리고 그림책이나 동화책, 공부하는 교과서까지 모두 중요한 글이에요.

그런데 '읽는다'라는 것은 단순히 글자를 소리 내는 게 아니에요. 글을 이해하고, 그 안의 뜻을 생활 속에서 활용할 수 있어야 해요. 이것이 바로 '독해'이고, 세상을 바라보는 눈을 길러 주는 힘이에요.

속담과 한자 성어는 독해력을 키우는 비밀 무기

독해에 꼭 필요한 두 가지 요소가 있어요. 바로 '어휘'와 '배경지식'이에요. 단어를 많이 알수록 글을 더 정확하게 이해할 수 있고, 다양한 지식을 알고 있으면 내 경험과 연결되어 글의 의미가 훨씬 풍부해져요. 이런 어휘와 배경지식을 키우는 데 큰 도움이 되는 것이 '속담'과 '한자 성어'예요. 그래서 《최소한의 초등 독해》는 속담과 한자 성어를 중심에 두었어요.

속담과 한자 성어는 짧지만, 오랜 지혜와 교훈이 담겨 있어 우리말을 깊이 이해하게 해 줘요. 친구들과 대화할 때뿐만 아니라 신문 기사, 뉴스, 교과서 같은 어려운 글을 읽을 때도 유용하지요. 짧은 표현 속에서 긴 글의 핵심을 빠르게 파악하고, 생각을 깊게 만드는 힘도 길러 준답니다. 그래서 속담과 한자 성어는 독해력을 키우는 비밀 무기와 같아요.

독해 실력이 자라면 국어 실력이 탄탄해지고, 다른 과목 공부도 쉬워져요. 글을 이해하는 자신감은 공부 전체를 더 즐겁게 하고, 세상을 보는 시야도 넓혀 준답니다.

《최소한의 초등 독해》와 함께라면 독해가 점점 더 재미있어질 거예요. 매일의 작은 성취로 독해 자신감을 키워 보세요!

김연수 드림

이 책으로 공부하면 이런 점이 좋아요

1. 교과와 연계된 다양한 분야의 지문을 만나요

국어, 수학, 사회, 과학 등 여러 교과 속 개념을 글로 접하면서 독해력은 물론 교과 지식까지 쌓을 수 있어요. 교과 학습에 직접 도움이 되는 지문을 읽으며 기초 지식을 쌓아요.

2. 흥미로우면서도 중요한 최신 이슈가 담겨 있어요

인공지능, 기후 변화, 유튜브, 편의점, 올림픽, 야구처럼 어린이들이 흥미롭게 읽을 수 있는 주제를 담았어요. 동시에 꼭 알아야 할 시사적인 내용도 익힐 수 있지요. 덕분에 지식을 배우며 세상을 보는 눈도 함께 넓어져요.

3. 생활 속에서 자주 쓰이는 속담과 한자 성어를 익혀요

학년별로 꼭 알아야 할 속담과 성어를 지문 속에 자연스럽게 담았어요. 각 어휘의 뜻을 정확히 파악하고, 실제 글에서 어떻게 쓰이는지도 확인할 수 있어요. 아울러 함께 익히면 좋은 속담과 성어를 통해 더욱 폭넓게 어휘를 익혀요.

4. 어휘력·독해력·문해력을 한 번에 키워요

4단계 학습을 통해 체계적으로 문해력을 키워요. 지문을 읽은 뒤 문항으로 이해를 점검하고, 속담과 한자 성어의 정확한 뜻을 다지며 어휘력을 확장해요. 이어서 짧은 글쓰기 활동과 배경지식 읽기를 통해 국어 실력을 체계적으로 다져요.

5. 수준에 맞는 지문과 문항으로 스스로 공부해요

매일 꾸준히 할 수 있는 학습량으로 아이들이 직접 읽고 풀이할 수 있어요. 낯선 어휘는 따로 다루었으며 세부 내용 파악, 중심 내용 요약, 추론하기, 적용하기 등 쉬우면서도 사고력을 키워 주는 문제들을 통해 자기 주도 학습을 이어갈 수 있어요.

이 책의 구성

전체 구성

총 25일 차이며 5주 완성으로 계획을 세워요.

한 주에 5일 치의 학습과 마무리 평가를 완성해요.

총 30개의 속담과 20개의 한자 성어를 배울 수 있어요.

스스로 읽고 문제를 풀면서 어휘력을 키우는

자기주도 학습이 가능하며, 독해 실력과 어휘력을

동시에 키울 수 있어요.

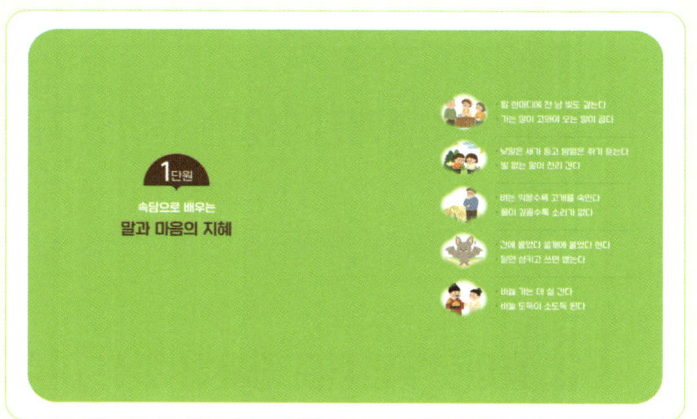

1단계   기사로 속담과 한자 성어 읽기

속담과 한자 성어를 주제로 한 글을 읽어요.

재미있는 글과 그림은 모두 교과와 연계되어 더욱 유익해요.

중요 단어는 '단어 풀이'로 한 번 더 살펴요.

2단계   내용 파악 & 추론하기

글을 읽고 문제를 풀며 독해력을 키워요.

정확하게 글의 내용을 이해했는지 확인하고,

이 글의 주제어를 찾아봐요.

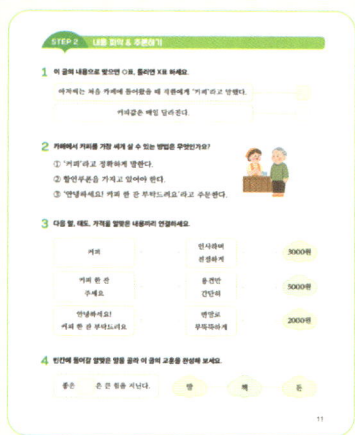

3단계 　어휘력 플러스

- 대표 속담과 한자 성어의 정확한 뜻과 의미를 배워요.
- '함께 알아두면 좋은 속담 및 한자 성어'를 추가로 공부해요.
  어휘와 연관된 문제를 통해 깊이 있게 익혀요.

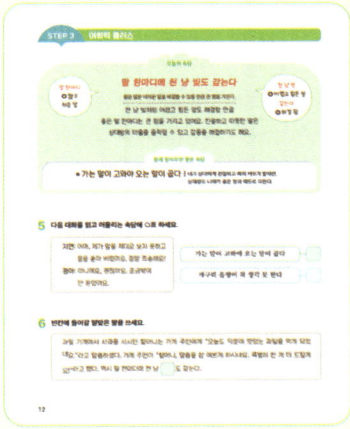

4단계 　문해력 쑥쑥!

속담과 한자 성어를 활용해 짧은 글쓰기를 해요.
자신의 경험을 살린 글쓰기로 생활 속 어휘를 배우고,
글쓰기에 직접 어휘를 활용해볼 수 있어요.

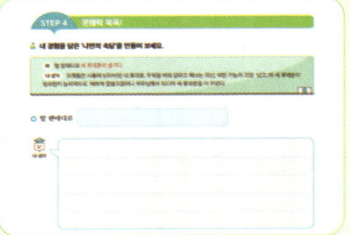

배경지식 플러스

- 주제 어휘와 관련된 사회적 이슈와
  상식을 재미있게 읽어요.
- 배경지식을 통해 속담이나 한자
  성어를 더욱 쉽게 기억할 수 있어요.

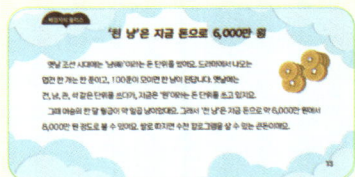

마무리 평가

한 주간 배운 속담이나 한자 성어를
확인 문제를 풀며 다시 한번 복습해요.

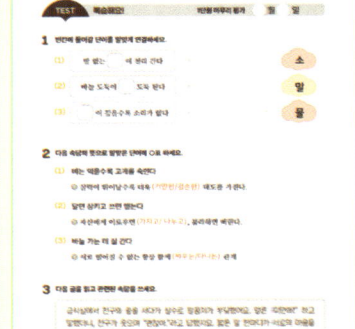

국어 실력 쑥쑥

- 맞춤법과 한자, 따라 쓰기 등으로
  어휘력과 독해력을 키울 수 있는
  폭넓은 국어 학습을 해요.

연번	속담&한자 성어	제목	교과&주제	교과 연계
1일차	말 한마디에 천 냥 빚도 갚는다	말 한마디에 커피값이 달라진다면?	국어 (언어)	[2국01-02] 바르고 고운 말로 서로의 감정을 나누며 듣고 말한다.
2일차	낮말은 새가 듣고 밤말은 쥐가 듣는다	혹시 누가 내 말을 듣고 있을까?	과학 (소리)	[4과07-02] 큰 소리와 작은 소리, 높은 소리와 낮은 소리를 구분하고, 세기와 높낮이가 다른 소리를 낼 수 있다.
3일차	벼는 익을수록 고개를 숙인다	진짜 실력자가 더 겸손한 이유는?	도덕 (심리, 인성)	[4도01-04] 다른 사람의 관점을 수용할 수 있는지를 도덕적으로 검토하고 도덕규범을 내면화하여 도덕적으로 행동할 수 있는 자세를 기른다.
4일차	간에 붙었다 쓸개에 붙었다 한다	변덕쟁이 박쥐의 생각은?	국어	[2국02-04] 인물의 마음이나 생각을 짐작하고 이를 자신과 비교하며 글을 읽는다.
5일차	바늘 가는 데 실 간다	세종대왕을 도운 발명가는 누구일까?	사회 (역사 인물)	[4사02-02] 오래된 물건이나 자료들을 주변에서 찾아보고, 이를 통해 과거의 모습을 살펴볼 수 있음을 이해한다.
6일차	수박 겉 핥기	여행의 진짜 즐거움은 인증샷이 아니야!	국어, 사회	[4사06-02] 지역의 박물관, 기념관, 유적지 등을 체험하고 지역의 역사를 이해한다.
7일차	하늘이 무너져도 솟아날 구멍은 있다	호랑이 배 속을 구경해 볼까?	국어	[2국05-04] 시나 노래, 이야기에 흥미를 가진다.
8일차	원숭이도 나무에서 떨어진다	실수해도 괜찮아!	도덕 (인성, 인물)	[4도01-01] 자신의 감정을 소중히 여기며 존중하는 태도를 바탕으로 내가 누구인가를 탐구한다.
9일차	소 잃고 외양간 고친다	안전은 미리미리 챙겨요!	안전	[2즐01-01] 즐겁게 놀이하며, 건강하고 안전하게 생활한다.
10일차	개구리가 올챙이 적 생각 못 한다	올챙이 시절을 잊지 말아요!	과학	[4과04-01] 동물의 한살이를 직접 관찰하고, 관찰한 내용을 글과 그림으로 표현할 수 있다.
11일차	금강산도 식후경	급식 탐험 일지를 써 보자!	국어 (식생활)	[2국03-03] 주변 소재에 대해 소개하는 글을 쓴다.
12일차	그림의 떡	용돈도 계획이 필요해!	사회 (경제)	[4사07-01] 자원의 희소성으로 인해 경제활동에서 선택의 문제가 발생함을 이해하고, 경제활동에서 합리적 선택의 방법을 탐색한다.
13일차	식은 죽 먹기	모두에게 쉬운 기계라고?	사회, 도덕	[4도03-02] 디지털 사회에서 발생하는 다양한 문제를 살펴보고, 해결 방안을 탐구하여 정보통신 윤리에 대한 민감성을 기른다.

연번	속담&한자 성어	제목	교과&주제	교과 연계
14 일차	비 온 뒤에 땅이 굳어진다	단단한 땅에는 비밀이 있다고?	과학	[4과11-01] 흐르는 물의 작용과 강 주변 지형의 특징을 관련 지을 수 있다.
15 일차	사람은 죽으면 이름을 남기고 범은 죽으면 가죽을 남긴다	아직도 완공되지 않은 성당은 누가 짓기 시작했을까?	사회 (인물)	[4사06-01] 지역의 문화유산을 통해 문화유산의 의미와 유형을 알아보고, 문화유산의 가치를 탐색한다.
16 일차	칠전팔기	《해리포터》의 작가는 누구일까?	사회 (인물)	[4도01-03] 성실한 생활의 모범 사례를 탐색하고 시간 관리를 위한 생활을 계획하여 지속적인 자기 성장을 모색한다.
17 일차	십중팔구	말하는 대로 이루어진다고?	국어 (언어 습관, 인성)	[2국01-04] 자신의 경험이나 생각을 바른 자세로 발표한다.
18 일차	백발백중	한국의 양궁 실력은 세계 1등!	체육	[4체02-10] 다양한 스포츠 환경에 개방적인 태도를 갖고 적극적이고 안전하게 스포츠 활동에 참여한다.
19 일차	일석이조	1+1 상품에 숨은 전략은?	경제	[4사07-02] 생산과 소비 활동을 파악하고, 인적·물적 교류의 사례를 통해 각 지역 및 사람들이 상호의존 관계를 맺고 있음을 탐색한다.
20 일차	다재다능	세계를 사로잡은 한류!	사회	[4사03-02] 우리 사회에 다양한 문화가 확산되면서 나타나는 긍정적 효과와 문제를 분석하고, 나와 다른 사람이나 집단의 문화를 존중하는 태도를 기른다.
21 일차	상부상조	혼자보다 함께여서 좋아!	과학	[4과02-02] 다양한 환경에 서식하는 동물을 조사하여 동물의 생김새와 생활 방식이 환경과 관련되어 있음을 설명할 수 있다.
22 일차	동문서답	피카소는 왜 사람 얼굴을 이상하게 그렸을까?	미술	[4미03-01] 미술 작품을 자세히 보고 작품과 미술가에 관해 질문할 수 있다.
23 일차	무용지물	버려진 물건이 멋지게 변신하면?	사회 (환경, 생태)	[4사10-01] 여러 지역의 자연환경과 인문환경의 특징을 살펴보고, 환경의 이용과 개발에 따른 변화를 탐구한다.
24 일차	막상막하	야구에서 가장 재미 있는 점수는 몇 대 몇?	체육	[4체02-01] 스포츠의 의미와 유형을 파악한다.
25 일차	문전성시	지역 대표 음식은 꼭 먹어야 해!	사회	[4사09-02] 지역의 자연환경, 역사, 문화, 생산물 등을 알리려는 지역 사회의 노력을 알고 관심을 갖는다.

목차

1단원

속담으로 배우는
말과 마음의 지혜

말 한마디에 커피값이 달라진다면?

어느 날 바빠 보이는 한 아저씨가 카페에 들어와 휴대폰을 보며 무뚝뚝하게 말했어요.

"커피!"

"네, 5,000원입니다."

직원에게 생각보다 비싼 가격을 들은 아저씨는 놀라서 메뉴판을 **유심**히 보았어요. 카페의 메뉴판에는 이렇게 쓰여 있었어요. 아저씨는 다시 말했어요.

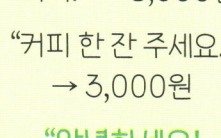

<커피 가격>

"커피." → 5,000원

"커피 한 잔 주세요."
→ 3,000원

"안녕하세요!
커피 한 잔 부탁드려요."
→ 2,000원

"커피 한 잔 주세요."

직원이 미소를 지으며, "3,000원입니다."라고 했어요. 그때 또 다른 손님이 말했어요.

"안녕하세요! 커피 한 잔 부탁드려요!"

직원이 환하게 웃으며 "네! 2,000원입니다!"라고 대답했어요.

아저씨는 머쓱해져서 다시 말했어요.

"안녕하세요! 커피 한 잔 **부탁**드려요."

"네, 2,000원입니다!"

그 후로 아저씨는 사람들에게 먼저 인사하는 습관이 생겼어요. 그리고 알게 되었어요.

"말 한마디에 천 냥 빚도 갚는다더니!
말이란 게 이렇게 중요하구나!"

말 한마디에
커피 가격이 달라져요!

단어
풀이

유심(있을 유 有 마음 심 心): 속뜻이 있게, 주의가 깊게

부탁(줄 부 付 맡길 탁 託): 어떤 일을 해 달라고 맡김.

1 이 글의 내용으로 맞으면 ○표, 틀리면 X표 하세요.

아저씨는 처음 카페에 들어왔을 때 직원에게 '커피'라고 말했다.

커피값은 매일 달라진다.

2 카페에서 커피를 가장 싸게 살 수 있는 방법은 무엇인가요?

① '커피'라고 정확하게 말한다.

② 할인 쿠폰을 가지고 있어야 한다.

③ '안녕하세요! 커피 한 잔 부탁드려요'라고 주문한다.

3 다음 말, 태도, 가격을 알맞은 내용끼리 연결하세요.

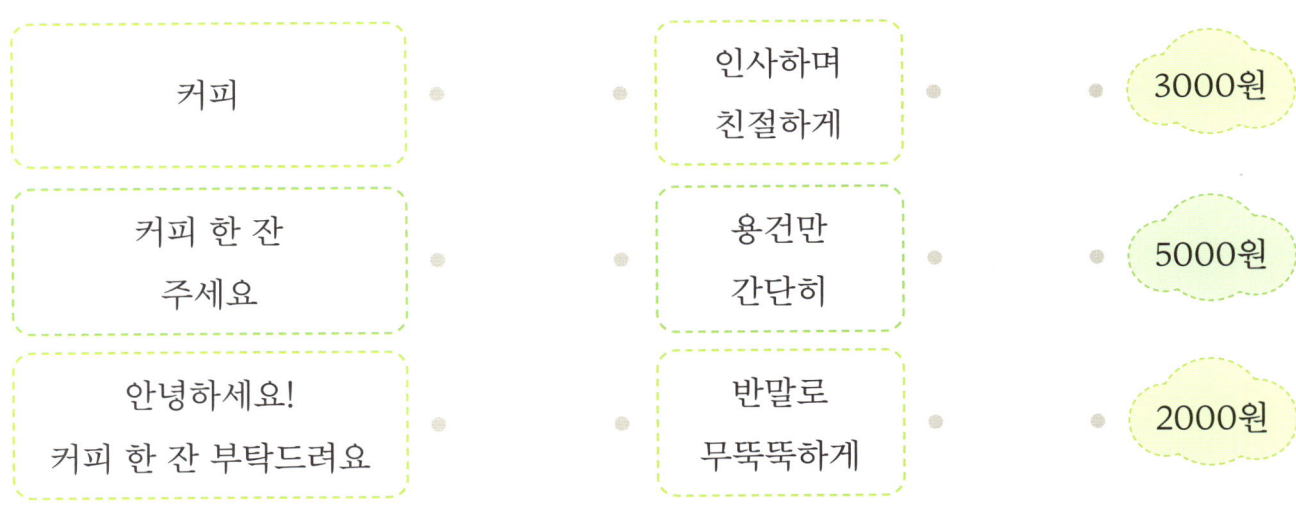

커피

커피 한 잔 주세요

안녕하세요! 커피 한 잔 부탁드려요

인사하며 친절하게

용건만 간단히

반말로 무뚝뚝하게

3000원

5000원

2000원

4 빈칸에 들어갈 알맞은 말을 골라 이 글의 교훈을 완성해 보세요.

좋은 　　 은 큰 힘을 지닌다.

말　　책　　돈

오늘의 속담

말 한마디
➡ 짧고
쉬운 말

말 한마디에 천 냥 빚도 갚는다

좋은 말은 어려운 일을 해결할 수 있을 만큼 큰 힘을 가진다.
- -
천 냥 빚처럼 어렵고 힘든 일도 해결할 만큼
좋은 말 한마디는 큰 힘을 가지고 있어요. 친절하고 따뜻한 말은
상대방의 마음을 움직일 수 있고 갈등을 해결하기도 해요.

천 냥 빚
➡ 어렵고 힘든 일
갚는다
➡ 해결됨

함께 알아두면 좋은 속담

★ **가는 말이 고와야 오는 말이 곱다** ┃ 내가 상대에게 친절하고 예의 바르게 말하면,
상대방도 나에게 좋은 말과 태도로 대한다.

5 다음 대화를 읽고 어울리는 속담에 ○표 하세요.

> **지연:** 어머, 제가 앞을 제대로 보지 못하고
> 물을 쏟아 버렸어요. 정말 죄송해요!
> **정아:** 아니에요, 괜찮아요. 조금밖에
> 안 묻었어요.

가는 말이 고와야 오는 말이 곱다

개구리 올챙이 적 생각 못 한다

6 빈칸에 들어갈 알맞은 말을 쓰세요.

> 과일 가게에서 사과를 사시던 할머니는 가게 주인에게 "오늘도 덕분에 맛있는 과일을 먹게 되었
> 네요."라고 말씀하셨다. 가게 주인이 "할머니, 말씀을 참 예쁘게 하시네요. 특별히 한 개 더 드릴게
> 요!"라고 했다. 역시 말 한마디에 천 냥 ☐ 도 갚는다.

✏ 내 경험을 담은 '나만의 속담'을 만들어 보세요.

> 예　말 한마디로 새 휴대폰이 생기다
>
> 내 생각　오랫동안 사용해 낡아버린 내 휴대폰. 무작정 바꿔 달라고 떼쓰는 대신, 어떤 기능이 고장 났고, 왜 새 휴대폰이 필요한지 논리적으로, 예쁘게 말씀드렸더니 부모님께서 드디어 새 휴대폰을 사 주셨다.

● 말 한마디로 [   ]

내 생각

배경지식 플러스

'천 냥'은 지금 돈으로 6,000만 원

　옛날 조선 시대에는 '냥(兩)'이라는 돈 단위를 썼어요. 드라마에서 나오는 엽전 한 개는 한 푼이고, 100푼이 모이면 한 냥이 된답니다. 옛날에는 전, 냥, 관, 석 같은 단위를 쓰다가, 지금은 '원'이라는 돈 단위를 쓰고 있지요.

　그때 머슴의 한 달 월급이 약 일곱 냥이었대요. 그래서 '천 냥'은 지금 돈으로 약 6,000만 원에서 8,000만 원 정도로 볼 수 있어요. 쌀로 따지면 수천 킬로그램을 살 수 있는 큰돈이에요.

혹시 누가 내 말을 듣고 있을까?

소리는 물체가 떨리면서 발생해요. 물체가 진동하면 파동이 생기고, 그 파동을 '음파'라고 해요. 음파가 공기를 통해 전달되어 고막에 도달하면 우리는 소리를 들을 수 있어요.

소리의 세 가지 **요소**는 크기, 높낮이, 음색이에요. 진폭이 크면 큰 소리, 작으면 작은 소리가 나요. 높낮이는 주파수에 따라 달라지는데, 진동수가 많으면 높은 소리, 적으면 낮은 소리가 나요. 음파의 모양에 따라 음색이 달라지고, 음색이 다르면 같은 높이의 소리라도 느낌이 달라지지요.

'**낮말은 새가 듣고 밤말은 쥐가 듣는다**'라는 속담이 있어요. 낮에 한 말은 새가, 밤에 한 말은 쥐가 들을 수 있으니 언제나 말을 **신중**히 하라는 의미예요. 낮에는 자동차 소리나 대화 소리 등 배경 소음이 많지만, 새는 높은 주파수의 작은 소리도 잘 들어요.

소곤~ 소곤~

또 밤에는 조용해 작은 소리가 더 멀리 퍼지고, 쥐는 어둠 속에서도 미세한 소리를 잘 듣지요. 결국 우리의 말은 예상보다 멀리 퍼질 수 있으니 언제나 조심하는 것이 중요해요.

단어 풀이
요소(중요할 要 바탕 素): 전체를 이루는 낱낱의 중요한 부분
신중(삼갈 愼 중요할 重)하게: 매우 조심스러움.

1 이 글의 내용으로 맞으면 ○표, 틀리면 X표 하세요.

소리는 물체가 떨리면서 발생한다.

소리는 공기를 통하지 않는다.

2 다음 중 소리의 세 가지 요소를 모두 찾아 ○표 하세요.

음색   속도   크기   높낮이

3 다음 동물이 잘 듣는 소리를 알맞게 연결하세요.

새   조용한 환경의 작은 목소리

쥐   높은 주파수의 소리

4 이 글의 주제로 알맞은 것은 무엇인가요?

① 말은 언제 어디서나 조심해야 한다.

② 동물마다 듣는 소리의 종류가 같다.

③ 소리는 진동과 파동으로 만들어진다.

오늘의 속담

낮말, 밤말
➡ 언제 어디서나 하는 말

낮말은 새가 듣고 밤말은 쥐가 듣는다

새가 듣는다, 쥐가 듣는다
➡ 예상치 못한 곳, 누구나

아무리 비밀이라도 결국 남에게 알려질 수 있으니 말을 조심해야 한다.

우리가 조용히 속삭인 비밀도 결국 다른 사람이 알게 될 수 있어요. 언제 어디서나 예상하지 못한 곳에서 누구라도 우리가 하는 말을 들을 수 있으니, 말은 늘 신중하게 해야 해요.

함께 알아두면 좋은 속담

★ 발 없는 말이 천리 간다 | 말은 입에서 나오면 금방 멀리 퍼져 나가므로 조심해야 한다.

---

1 다음 글을 읽고 어울리는 속담에 ○표 하세요.

> 쉬는 시간에 담임 선생님께서 교통사고로 입원했다는 이야기를 들었다. 점심시간이 되자 전교생이 그 소식을 알고 있었다. 소문이 얼마나 빠르게 퍼지는지 알 수 있는 순간이었다.

발 없는 말이 천리 간다

가는 말이 고와야 오는 말이 곱다

---

2 빈칸에 들어갈 알맞은 말을 쓰세요.

> 형이 친구 흉을 보고 있었는데, 교실 문 뒤에 있던 친구가 모두 들어 버렸다. 그 순간 형은 '낮말은 새가 듣고 밤말은 ⬜️ 가 듣는다'라는 속담을 뼈저리게 깨달았다.

✏️ 내 경험을 담은 '나만의 속담'을 만들어 보세요.

예	낮말은 **친구가** 듣고, 밤말은 **휴대폰이** 듣는다
내 생각	낮에는 주로 친구와 함께하기 때문에 친구가 듣고, 밤에는 주로 휴대폰을 하기 때문에 휴대폰이 듣는다.

➡️ 낮말은 [   ] 듣고, 밤말은 [   ] 듣는다

내 생각

배경지식 플러스

겉에서 보이지 않는 물고기의 귀

물고기에게도 귀가 있지만 밖에서는 보이지 않아요. 머릿속에 있는 속귀로 소리를 듣지요.

소리는 물을 타고 머리뼈를 지나 속귀에 전달되고, 속귀 안의 작은 돌이

흔들리며 소리를 느낄 수 있어요.

또 물고기 몸 옆에는 옆줄 기관이 있어 물의 진동을 감지해요.

덕분에 천적이 다가오거나 다른 물고기가 움직이는 것도 빨리 알아차릴 수 있답니다.

진짜 실력자가 더 겸손한 이유는?

우리가 새로운 것을 배울 때 처음에는 잘한다고 착각할 수 있어요. 몇 가지를 맞히거나 이해했다고 해서 스스로 똑똑하다고 여기지만, 사실은 아직 부족할 때가 많아요. 예를 들어, 수학 문제를 몇 개 풀었다고 '나 천재야!'라고 생각하다가도, 더 어려운 문제를 만나면 '아직 부족하네.'라고 깨닫게 되지요.

이와 관련해 미국의 심리학자 데이비드 더닝과 저스틴 크루거는 '더닝-크루거 효과'를 밝혀냈어요. 능력이 낮을수록 자신의 실력을 과대평가하고, 능력이 높을수록 오히려 부족하게 여기는 현상을 말해요. 전문가들은 자신의 **한계**를 알기에 신중하고 **겸손**하며, 끊임없이 배우려는 자세로 진짜 실력을 쌓아 갑니다.

이와 관련된 속담이 '**벼는 익을수록 고개를 숙인다**'예요. 벼가 여물수록 고개를 숙이듯, 사람도 배움이 깊을수록 겸손해져요. 반대로 아는 것이 적을 때는 지나치게 자신감을 가질 수 있지요. 그래서 똑똑한 사람일수록 늘 배우려는 마음을 잃지 않아요.

난 아직 배워야 할 게 많아!

단어 풀이

한계(한할 限 지경 界) : 사물이나 능력, 책임 등이 실제 작용할 수 있는 범위

겸손(겸손할 謙 공손할 遜) : 남을 존중하고 자기를 내세우지 않는 태도

1 이 글의 내용과 맞으면 ○표, 틀리면 ✕표 하세요.

'더닝-크루거 효과'는 미국 학자들이 연구한 것이다.

전문가일수록 자신의 능력을 뽐내고 싶어 한다.

2 '더닝-크루거 효과'를 알맞게 설명한 것에 ○표 하세요.

실력이 부족한 사람이 스스로 못한다고 생각하는 것

실력이 부족한 사람이 스스로 잘한다고 착각하는 것

3 실력자일수록 더욱 겸손하고 신중한 이유는 무엇일까요?

① 나이가 많아서

② 더 똑똑해지고 싶어서

③ 자신의 한계를 알기 때문에

4 <보기>에서 알맞은 단어를 골라 이 글의 교훈을 완성하세요.

항상 ☐☐ 하며 더 배우려는 자세를 가져야 한다.

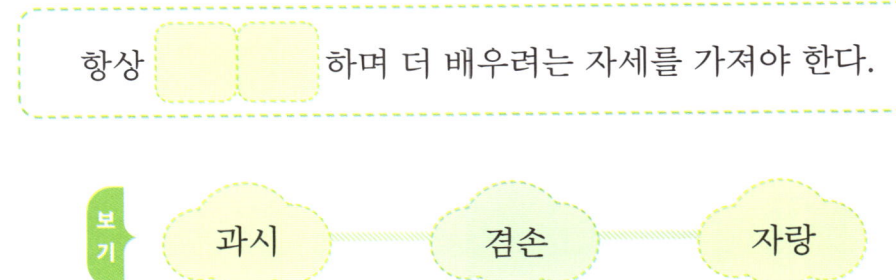

보기   과시   겸손   자랑

오늘의 속담

벼는 익을수록 고개를 숙인다

실력이 뛰어날수록 더욱 겸손한 태도를 가진다.

벼는 처음에 위로 곧게 자라지만, 알이 차면서
점점 고개를 숙여요. 이 모습을 배운 것이 많거나
훌륭한 사람이 오히려 겸손해지는 것을 비유적으로 나타냈어요.

벼가 익을수록
➡ 배운 것이
많음, 실력이
뛰어남

고개를 숙인다
➡ 겸손함,
자기 자랑을
하지 않음

함께 알아두면 좋은 속담

★ **물이 깊을수록 소리가 없다** | 생각이 깊고 인품이 훌륭한 사람일수록 잘난 체하고 뽐내지 않는다.

---

1 다음 글을 읽고 어울리는 속담에 ○표 하세요.

> **준우:** 와, 지수는 발표를 정말 잘하네! 평소에 조용
> 해서 몰랐는데, 준비를 엄청 많이 했나 봐.
> **지수:** 그냥 연습을 좀 했을 뿐이야. 너희도 다
> 잘하잖아.
> **유나:** 아니야, 겸손하기는! 조용한 지수가 진짜
> 실력자였어!

빈 수레가 요란하다 ▭

물이 깊을수록 소리가 없다 ▭

---

2 빈칸에 들어갈 알맞은 말을 쓰세요.

> 지식과 경험이 많음에도 늘 겸손하게 행동하시는 할아버지를 보면, '▭는 익을수록 고개를 숙인
> 다'라는 말이 떠올랐다.

✏️ 내 경험을 담은 '나만의 속담'을 만들어 보세요.

예　성공할수록 고개를 숙인다

내 생각　성공하면 고개를 들고 어깨에 힘이 들어가며 자만하기 쉽다. 하지만 그럴수록 사람들의 이야기를 귀기울여 듣고 먼저 인사하면서 겸손한 태도를 가져야 한다.

➡️ _____ 수록 고개를 숙인다

내 생각

배경지식 플러스

벼와 쌀의 차이점

　벼와 쌀은 같은 식물이지만, 상태가 달라요. 벼는 논에서 자라는 식물 전체를 말하며, 줄기·잎·씨앗이 모두 포함돼요. 벼알은 겉에 단단한 껍질(왕겨)이 있는 씨앗이고, 이를 벗기면 갈색의 현미가 돼요. 현미에서 껍질을 한 번 더 벗기면 하얀 쌀(백미)이 됩니다.

　즉, 벼는 식물 전체, 쌀은 껍질을 벗긴 씨앗이에요.

변덕쟁이 박쥐의 생각은?

옛날에 짐승과 새들이 크게 전쟁을 벌인 적이 있었어요.

박쥐는 처음에는 짐승 쪽이 이길 것 같다고 생각했어요.

"저는 이빨도 있고 제대로 날지도 못하니 짐승이에요!"

그러면서 짐승들의 편을 들었어요.

그런데 전쟁이 길어지자, 새들이 점점 강해지기 시작했어요. 그러자 박쥐는 태도를 바꿨어요.

"저는 날개가 있어서 사실 새입니다!"

그러고는 새들 편으로 넘어갔어요. 이렇게 박쥐는 이쪽저쪽 기회를 보며 편을 바꾸었어요.

시간이 지나 전쟁이 끝났어요. 하지만 짐승들도 새들도 박쥐의 **변덕**을 싫어하게 되었어요.

"**간에 붙었다 쓸개에 붙었다** 한다더니, 자기 **이익**만을 생각하는 자는 믿을 수 없어."

그래서 어느 쪽에서도 박쥐를 받아주지 않았지요.

결국 박쥐는 낮에는 활동하지 못하고, 어두운 밤에만 몰래 다니게 되었답니다. 지금도 박쥐가 낮에는 숨어 지내고, 밤이 되어서야 날아다니는 것이 바로 그때의 벌을 받고 있기 때문이라고 해요.

나는 짐승이기도 하고 새이기도 하다니까요!

단어풀이
변덕(변할 變 덕 德): 마음이나 행동이 자주 바뀌는 성질
이익(이로울 리利 더할 익益): 도움이 되거나 이로운 것

1 이 글의 내용으로 맞으면 ○표, 틀리면 X표 하세요.

> 박쥐는 처음에는 짐승과 새들이 전쟁하는 것을 말렸다.

> 박쥐는 새들이 점점 강해지는 것을 보고 새들 편에 섰다.

2 박쥐가 처음에 자신이 짐승이라고 한 이유는 무엇인가요?

① 이빨이 있기 때문에

② 날개가 있기 때문에

③ 새들이 무서웠기 때문에

3 새와 짐승이 박쥐를 싫어하게 된 이유를 찾아 ○표 하세요.

어두운 밤에만 다녀서 　　　 상황에 따라 편을 바꿔서 　　　 말을 잘 듣지 않아서

4 <보기>에서 알맞은 단어를 골라 이 글의 교훈을 완성하세요.

> 자신의 　　　 만을 생각하며 행동하면 결국 믿음을 잃게 된다.

보기 　 단점 　 외모 　 이익

25

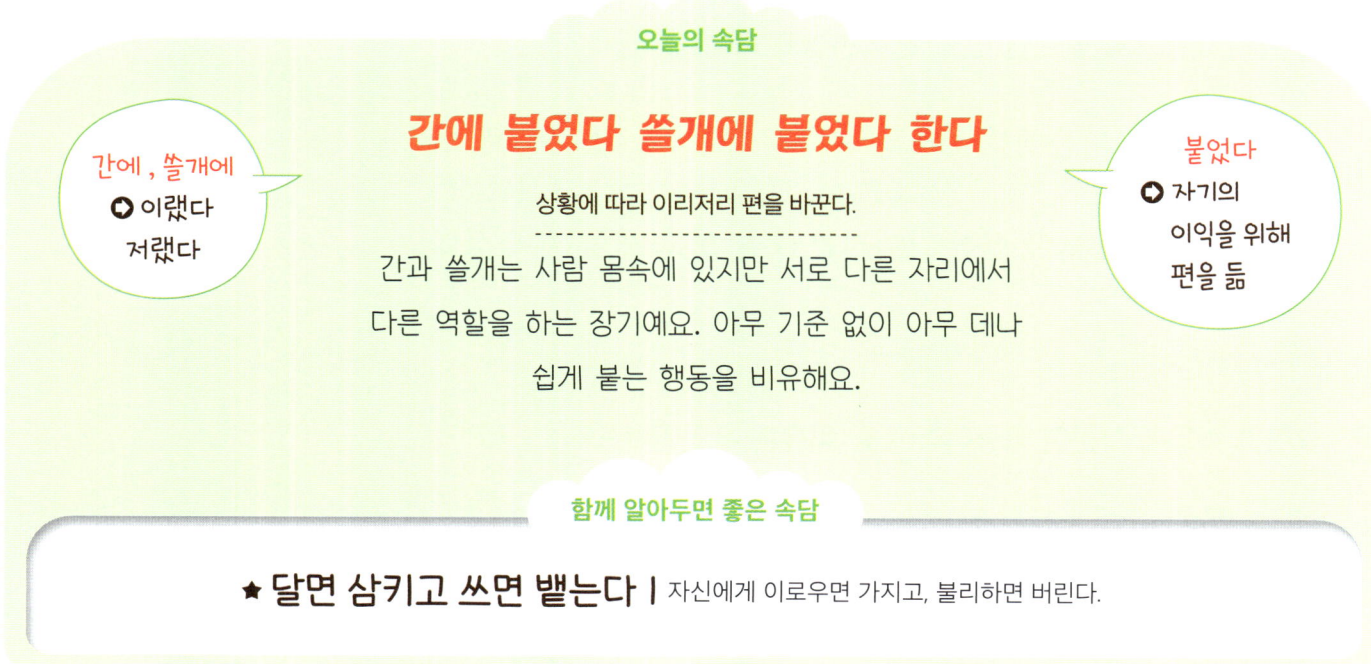

오늘의 속담

간에 붙었다 쓸개에 붙었다 한다

상황에 따라 이리저리 편을 바꾼다.

간과 쓸개는 사람 몸속에 있지만 서로 다른 자리에서
다른 역할을 하는 장기예요. 아무 기준 없이 아무 데나
쉽게 붙는 행동을 비유해요.

간에 , 쓸개에
�‐ 이랬다
저랬다

붙었다
◐ 자기의
이익을 위해
편을 듦

함께 알아두면 좋은 속담

★ 달면 삼키고 쓰면 뱉는다 **|** 자신에게 이로우면 가지고, 불리하면 버린다.

1 다음 글을 읽고 어울리는 속담에 ○표 하세요.

> **연우:** 어제 나랑 같은 모둠한다고 하지 않았어?
>
> **하진:** 미안, 정민이가 더 발표를 잘 할 것 같아.
>   정민이랑 할게.
>
> **연우:** 어제는 같은 모둠해 달라고 조르더니만, 그새
>   마음이 바뀐 거야?

간에 기별도 안 간다

달면 삼키고 쓰면 뱉는다

2 빈칸에 들어갈 알맞은 말을 쓰세요.

> 지윤이는 이쪽 친구가 맛있는 걸 사주면 거기 붙고, 저쪽 친구가 간식 많이 가져오면 또 거기로 가고,
> '간에 붙었다 ☐ ☐ 에 붙었다 한다'.

26

✏️ 내 경험을 담은 '나만의 속담'을 만들어 보세요.

> 예   **아빠에** 붙었다 **엄마에** 붙었다 한다
>
> 내 생각   용돈이 필요한 상황처럼 급한 순간에는 아빠에게도 엄마에게도 다정하게 말하고 심부름도 해야 한다.

➡️ [   ] 붙었다 [   ] 붙었다 한다

내 생각

_____

_____

_____

_____

배경지식 플러스

포유류 중 유일하게 날 수 있는 박쥐

박쥐는 유일하게 하늘을 날 수 있는 포유류예요. 포유류란 엄마 뱃속에서 아기를 낳고, 젖을 먹여서 키우는 동물을 가리켜요. 고양이, 개, 호랑이, 사람도 포유류에 속해요. 이 동물들은 날 수 없어요. 날개가 있고 날 수 있는 동물은 조류에 속해요. 그런데 박쥐는 앞다리에 붙은 얇은 피부막이 날개처럼 생겨서 날 수 있어요.

그래서 박쥐는 새는 아니지만, 하늘을 나는 아주 특별한 포유류예요.

세종대왕을 도운 발명가는 누구일까?

　조선의 네 번째 임금 세종대왕은 백성을 사랑하는 마음이 깊었어요. 한글을 만들고 농사 책을 펴내며, 늘 '백성이 편해야 나라가 편하다'라고 생각했지요. 그는 하늘의 움직임을 살펴 정확한 달력을 만들고 싶어 했어요. 해와 달의 변화를 잘 알지 못하면 농사도 어렵고 제사 날짜도 헷갈렸거든요. 이 생각을 **실현**하려면 누군가의 도움이 필요했어요.

　그때 세종은 천재 발명가 장영실을 궁으로 불렀어요. 장영실은 **신분**이 낮은 노비 출신이었지만, 세종은 그의 재능을 높이 샀어요.

"내가 생각한 것을 네가 만들 수 있겠느냐?"

"전하의 생각이 바늘이라면, 저는 실이 되어 꿰겠습니다."

　장영실은 앙부일구(해시계), 자격루(물시계), 측우기 같은 훌륭한 발명품을 만들었고, 백성은 시간과 날씨를 알 수 있게 되었어요. 사람들은 장영실과 세종대왕의 관계를 이렇게 말했어요.

"세종이 바늘이라면, 장영실은 실이라네. **바늘 가는 데 실 간다**더니, 이보다 더한 짝이 또 있을까?"

　그러나 어느 날 장영실이 만든 가마가 부서지는 일이 생기고 말았어요. 결국 그는 벌을 받고, 궁을 떠나게 되었어요. 하지만 그들의 발명품은 오랫동안 백성을 도왔답니다.

나를 도와주게나!

 **단어
풀이** 　**실현**(열매 실實 나타날 현現): 생각하거나 계획한 것이 실제로 이루어짐.
　　　신분(몸 신身 나눌 분分): 사회적 지위나 계급을 나타내는 사람의 위치

1 이 글의 내용으로 맞으면 ○표, 틀리면 X표 하세요.

> 세종대왕은 양반들의 추천으로 장영실을 알게 되었다.

> 세종대왕은 백성을 위해 한글을 만들고 농사 책도 펴냈다.

2 다음 중 장영실이 발명한 물건을 모두 찾아 ○표 하세요.

망원경　　　자격루　　　측우기

3 세종대왕과 장영실에 대한 알맞은 설명을 각각 두 개씩 연결하세요.

세종대왕

장영실

> 백성을 위해 달력을 만들고 싶어함

> 앙부일구를 만듦

> 신분보다 재능을 중요하게 생각함

> 노비 출신이지만 천재 발명가로 불림

4 장영실과 세종대왕의 관계로 옳은 것은 무엇인가요?

① 비밀을 공유하는 친구 관계였다.

② 장영실은 세종대왕의 명령을 따르지 않았다.

③ 세종대왕은 장영실과 함께 백성을 위한 일을 했다.

오늘의 속담

바늘과 실
➡ 서로 떨어질
수 없는 사이

바늘 가는 데 실 간다

서로 떨어질 수 없는 항상 함께 다니는 관계

바늘과 실처럼 서로 떨어질 수 없는 가까운 관계이거나,

한 사람이 가는 곳에 다른 사람도 자연스럽게 따라가는 상황을 뜻해요.

함께 알아두면 좋은 속담

★ **바늘 도둑이 소도둑 된다** : 작은 나쁜 행동도 자꾸 하게 되면 큰 죄를 저지를 수 있다.

1 다음 글을 읽고 어울리는 속담에 ○표 하세요.

> **은아**: 너 또 친구 연필 몰래 가져갔다며?
> **지희**: 어차피 걔는 연필이 많아서 몰라.
>   예전에도 잘 넘어갔어.
> **은아**: 계속 그런 식으로 하면, 너 진짜
>   큰 도둑이 될지도 몰라.

바늘 가는 데 실 간다

바늘 도둑이 소도둑 된다

2 빈칸에 들어갈 알맞은 말을 쓰세요.

> 옆집 쌍둥이 형제는 물과 물고기처럼 항상 함께 다녀서, 사람들도 "바늘 가는 데 [   ] 간다"며
> 놀라워 해.

🔺 내 경험을 담은 '나만의 속담'을 만들어 보세요.

예　진구가는 데 도라에몽 간다

내 생각　내가 가장 좋아하는 만화 도라에몽! 진구가 있는 곳에 도라에몽도 있다. 바늘과 실처럼 진구와 도라에몽은 떨어질 수 없는 가까운 친구다.

➡ [   ] 가는 데 [   ] 간다

내 생각

배경지식 플러스

측우기는 세계 최초의 강우량 측정기!

측우기는 조선 세종 23년, 약 600년 전인 1441년에 만들어진 세계 최초의 강우량 측정 도구예요. 세종대왕은 지역별 강수량을 수치로 기록하는 것이 농사에 매우 중요하다고 생각했어요. 그래서 장영실과 과학자들이 협력해, 빗물의 양을 눈금으로 정밀하게 측정할 수 있는 측우기를 발명하도록 했지요.

우리나라가 세계 최초로 강우량 측정 기구를 만든 것은 매우 자랑스러운 일이랍니다.

測雨器

1 빈칸에 들어갈 단어를 알맞게 연결하세요.

(1) 발 없는 ⬚ 이 천리 간다 ・ ・ **소**

(2) 바늘 도둑이 ⬚ 도둑 된다 ・ ・ **말**

(3) ⬚ 이 깊을수록 소리가 없다 ・ ・ **물**

2 다음 속담의 뜻으로 알맞은 단어에 ◯표 하세요.

(1) 벼는 익을수록 고개를 숙인다

🔸 실력이 뛰어날수록 더욱 (거만한/겸손한) 태도를 가진다.

(2) 달면 삼키고 쓰면 뱉는다

🔸 자신에게 이로우면 (가지고/ 나누고), 불리하면 버린다.

(3) 바늘 가는 데 실 간다

🔸 서로 떨어질 수 없는 항상 함께 (싸우는/다니는) 관계

3 다음 글을 읽고 관련된 속담을 쓰세요.

급식실에서 친구와 줄을 서다가 실수로 팔꿈치가 부딪혔어요. 얼른 "미안해!" 하고 말했더니, 친구가 웃으며 "괜찮아."라고 답했지요. 짧은 말 한마디가 서로의 마음을 편하게 해 주었어요.

🔹 말 한마디에 _____

📖 속담을 바르게 따라 써 보세요.

(1)

말	∨	한	마	디	에	∨	천	∨	냥	∨
빚	도	∨	갚	는	다					

(2)

낮	말	은	∨	새	가		듣	고	∨	밤
말	은	∨	쥐	가	∨	듣	는	다		

(3)

벼	는	∨	익	을	수	록	∨	고	개	를
숙	인	다								

(4)

간	에	∨	붙	었	다	∨	쓸	개	에	∨
붙	었	다	∨	한	다					

(5)

바	늘	∨	가	는	∨	데	∨	실	∨	간
다										

속담으로 배우는
삶의 지혜

여행의 진짜 즐거움은 인증샷이 아니야!

SNS는 '소셜 네트워크 서비스(Social Network Service)'의 줄임말로, 사진이나 글을 올리고 친구들과 소식을 나누는 인터넷 공간이에요. 우리는 SNS를 통해 친구가 어디를 갔는지, 무엇을 먹었는지 쉽게 알 수 있어요. 요즘은 여행지에서 예쁜 사진을 찍어 "나 여기 왔어요!" 하고 올리는 것이 **유행**이에요. 이렇게 보여 주는 사진을 '**인증**샷'이라고 해요. 하지만 인증샷만 찍느라 정작 그곳의 진짜 이야기는 놓치는 경우가 많아요.

예를 들어, 경주의 첨성대, 불국사, 강릉의 오죽헌 같은 곳은 단순히 멋진 풍경이 아니라 오래된 역사와 사람들이 살아온 이야기가 담긴 곳이에요. 그런데 사진만 찍고 아무런 감동 없이 돌아오면 **수박 겉핥기**식 여행이 되는 거지요. 수박 껍질만 핥듯, 겉모습만 보고 마음에 남는 게 없다면 중요한 것을 놓친 셈이에요.

사진을 찍은 후에, 첨성대를 좀 더 살펴보자!

멋진 곳을 다녀왔을 때는 그곳의 풍경이나 모습뿐만 아니라 그 안에 담긴 의미도 생각해 봐야 진짜 추억이 되고 오래 기억에 남아요. 이제부터 여행을 간다면 인증샷도 찍고, 그곳의 이야기도 함께 들어보면 어떨까요?

단어
풀이

유행(흐를 류流 다닐 행行): 어떤 현상이나 행동이 한동안 많은 사람에게 널리 퍼짐.
인증(알 인認 증거 증證): 사실이나 자격이 맞다는 것을 증거로 확인함.

1 SNS는 무엇의 줄임말인가요?

소셜 네트워크 ☐ ☐ ☐

2 이 글에서 여행의 장소로 언급한 두 곳을 찾아 ○표 하세요.

경복궁　　　　불국사　　　　첨성대

3 이 글의 내용과 맞으면 ○표, 틀리면 ×표 하세요.

SNS를 통해 친구가 어디를 갔는지,
무엇을 먹었는지 등을 쉽게 알 수 있다.　　　　☐

인증샷을 찍는 것은 남에게 피해를 주는
행동이기 때문에 하지 말아야 한다.　　　　☐

4 <보기>에서 알맞은 단어를 골라 글의 중심 내용을 완성해 보세요.

여행은 ☐ ☐ 뿐 아니라 그 장소에 담긴 의미도 함께 느껴야 한다.

보기　　친구　　날씨　　사진

오늘의 속담

수박 겉 핥기

사물의 속 내용은 모르고 겉만 건드린다.

수박은 달콤한 속이 중요한데, 겉만 핥으면
맛을 제대로 못 느껴요. 마찬가지로 공부나 여행 등
어떤 일이든 겉만 살피면 진짜 중요한 걸 놓치게 돼요.

수박
➡ 맛있는 속살,
중요한 내용

겉 핥기
➡ 맛없는 껍데기,
중요하지 않은
표면

함께 알아두면 좋은 속담

★ **겉 다르고 속 다르다** | 겉모습과 실제 내용이 다르니 겉만 보고 판단해서는 안 된다.

1 다음 글을 읽고 어울리는 속담에 ○표 하세요.

> 서진: 와! 은호야, 오늘 발표 진짜 멋졌어! 정말 잘하던데?
> 은호: 아, 그래? 고마워! 떨렸는데 다행이다.
> 서진: (은호가 떠나자 옆 친구에게 속닥이며)
>   솔직히 저게 잘한 거냐? 완전 재미없었어.

수박 겉 핥기 ⌷

겉 다르고 속 다르다 ⌷

2 빈칸에 들어갈 알맞은 말을 쓰세요.

> 요점 정리만 대충 읽고 '□□ 겉 핥기' 식으로 공부했더니 막상 시험을 볼 때
> 하나도 기억나지 않았다.

🔺 내 경험을 담은 '나만의 속담'을 만들어 보세요.

> 예 **책** 겉 **표지만 읽기**
>
> 내 생각 책의 겉표지만 보고 다 읽었다고 한다면 올바른 독서가 아니다. 내용을 꼼꼼히 읽고 깊이 이해해야 한다.

➡️ [ ] 겉 [ ]

내 생각

배경지식 플러스

맛있는 수박을 만든 우장춘 박사

1898년에 태어나 1959년에 돌아가신 우장춘 박사님은 식물의 씨앗과 유전자를 연구해 더 좋은 농작물을 만드는 방법을 찾아냈어요. 서로 다른 식물을 섞으면 더 튼튼하고 맛있는 열매가 나올 수 있는데, 이 방법으로 병에 강하고 달콤한 수박을 만들 수 있었지요. 또 배추나 무도 더 크고 수확이 많이 되도록 바꾸었어요. 그래서 사람들은 우장춘 박사님을 '한국 농업의 아버지'라고 부르며 존경하고 있어요.

호랑이 배 속을 구경해 볼까?

옛날에 전국을 돌아다니며 소금을 파는 소금 장수가 있었어요. 하루는 어느 마을을 지나려는데, 마을 사람들이 말렸어요.

"저 산 고개는 위험해요! 사람을 잡아먹는 호랑이가 살아요!"

하지만 소금 장수는 웃으며 말했어요.

"걱정 마세요. 저는 무서운 일도 많이 겪어 봤답니다!"

소금 장수는 산 고개를 넘었고, 얼마 지나지 않아 커다란 동굴 같은 것을 발견했어요. 가까이 가 보니, 그건 바로 호랑이의 입이었어요! 그는 그대로 호랑이 배 속으로 빨려 들어가고 말았지요.

배 속에서 정신을 차린 소금 장수는 깜짝 놀랐어요. **대장장이**와 기름 장수도 거기 있었거든요.

"당신도 잡아먹혔군요. 우리 다 같이 나갈 방법을 찾아봐요!"

세 사람은 힘을 모았어요. 대장장이는 배 속 고기를 썰었고, 기름 장수는 불을 붙여 고기를 구웠어요. 소금 장수는 소금을 뿌렸지요. 그러자 갑자기 호랑이는 배가 뜨겁고 아파지기 시작했어요.

호랑이는 끙끙 앓다가 꽈르르르 소리를 내며 물똥을 쌌고, 세 사람은 무사히 밖으로 빠져나왔어요. 밖으로 나온 소금 장수가 말했어요.

"호랑이 배 속 구경 참 잘했다! 하늘이 무너져도 솟아날 구멍은 있다더니, 정말이구나!"

 대장장이: 쇠를 달구어 연장 등을 만드는 일을 직업으로 하는 사람

1 이 글의 내용으로 맞으면 ○표, 틀리면 X표 하세요.

산 고개 위에는 무서운 호랑이가 살았다.

기름 장수는 미끄러져 넘어지는 바람에 도망치지 못했다.

2 마을 사람들이 소금 장수에게 산 고개를 넘지 말라고 한 이유는 무엇인가요?

호랑이가 있어서

눈이 너무 많이 와서

길이 막혀서

3 다음 인물과 한 일을 알맞게 연결하세요.

소금 장수 •

대장장이 •

기름 장수 •

• 불을 붙였다

• 소금을 뿌렸다

• 고기를 썰었다

4 다음은 이 글의 중심 생각을 나타낸 문장이에요. 빈칸에 들어갈 알맞은 말은 무엇인가요?

'아무리 어려운 상황이라도 _____'

① 도와줄 친구가 생겨요.

② 소리를 지르며 도움을 구해요.

③ 방법을 찾으면 살아날 수 있어요.

오늘의 속담

하늘이
무너진다
◐ 큰 어려움,
위기

하늘이 무너져도 솟아날 구멍은 있다

아무리 어려운 일이라도 해결할 방법이 있다.

- -

'하늘이 무너진다'라는 말은 아주 큰 어려움이나 위기를 뜻해요.
하지만 아무리 힘든 일이라도 끝까지 포기하지 않으면
반드시 해결할 방법, 희망이 생긴다는 뜻이에요.

솟아날 구멍
◐ 해결 방법,
살아날 수 있는
희망

함께 알아두면 좋은 속담

★ 쥐구멍에도 볕 들 날 있다 : 아무리 어렵고 힘든 상황에도 언젠가는 좋은 날이 온다.

1 다음 글을 읽고 어울리는 속담에 ○표 하세요.

민준: 나 영어 단어 시험에서 맨날 반 이상
틀렸는데, 이번에는 다 맞았어!
지우: 와, 대단하다! 지난주에도 쉬는 시간마
다 단어를 외우더니!
민준: 맞아, 언젠가는 좋은 날이 온다더니,
나한테도 그런 날이 오네!

하늘이 무너져도 솟아날 구멍은 있다

쥐구멍에도 볕 들 날 있다

2 빈칸에 들어갈 알맞은 말을 쓰세요.

지갑을 잃어버려서 너무 걱정했는데, 어떤 분이 주워서 학교에 맡겨 주셨어.
'　　이 무너져도 솟아날 구멍은 있다'라는 말이 딱 맞는 순간이었어!

📖 내 경험을 담은 '나만의 속담'을 만들어 보세요.

예   시험을 못 봤어도 다음 시험이 있다

내 생각   지난번 수학 단원 평가에서 낮은 점수를 받아 속상했다. 하지만 다음 시험이 있기에 좌절하지 않고 더 열심히 공부해야겠다고 다짐했다.

➡   [   ] 도 [   ] 있다

내 생각

배경지식 플러스

사라져 버린 우리나라 호랑이

옛날 우리나라에는 산속에 호랑이가 많이 살았어요. 그래서 전설, 옛이야기, 속담 속에도 자주 등장했지요. 하지만 일제 강점기 때 일본은 호랑이를 '해로운 짐승'이라 부르며 없애려 했어요. '해수구제정책(害獸驅除政策)'이라는 이름으로 호랑이, 표범, 곰 등을 잡았고, 호랑이를 죽이면 돈이나 쌀을 주는 포상 제도까지 시행했어요. 그 결과 우리 산속의 호랑이는 점점 사라졌고, 지금은 동물원에서만 볼 수 있게 되었어요.

실수해도 괜찮아!

세상에 실수하지 않는 사람은 없어요. 중요한 것은 실수 그 자체보다, 그것을 어떻게 받아들이고 다시 일어서는지예요.

세계 최고의 축구선수 리오넬 메시는 2016년 코파 아메리카 결승전에서 페널티킥이 크게 빗나가 우승을 놓쳤고, 속상한 나머지 국가대표 **은퇴**를 선언했어요. 하지만 많은 사람의 응원을 받으며 다시 마음을 다잡고 돌아왔어요. 그리고 2022년 월드컵에서 아르헨티나를 우승으로 이끌었지요.

김연아 선수도 마찬가지예요. 2010년 밴쿠버 올림픽에서 완벽한 연기를 했지만, 이전 경기에서는 점프 실수로 점수가 깎인 적이 많았어요. 어릴 적에도 넘어지고 다쳤지만 포기하지 않았기에 '피겨 여왕'이 될 수 있었어요.

아, 내가 이런 실수를!

이처럼 훌륭한 사람들도 실수하며 성장했어요. 실수는 부끄러운 것이 아니라 더 나아질 기회예요. '**원숭이도 나무에서 떨어진다**'라는 속담처럼, 실수했다고 **좌절**하지 말고 다시 도전하면 된답니다.

단어풀이
은퇴(숨을 은隱 물러날 퇴退): 지금까지 해 오던 일을 그만두고 물러남.
좌절(꺾을 좌挫 꺾을 절折): 마음이나 기운이 꺾임.

1 이 글의 내용으로 맞으면 ○표, 틀리면 X표 하세요.

김연아 선수는 경기마다 완벽한 모습을 보여 주었다.

메시는 2016년 코파 아메리카 결승전에서
골을 넣어 팀을 우승으로 이끌었다.

2 다음 인물과 그 사람이 겪은 일을 알맞게 연결하세요.

메시

김연아

점프 실수로 점수가 깎임

페널티킥 실수로 국가대표 은퇴 선언

3 메시가 다시 국가대표로 돌아올 수 있었던 이유는 무엇인가요?

많은 사람의
응원과 도전 정신

감독의 강요와
상금에 대한 욕심

4 <보기>에서 알맞은 단어를 골라 글의 중심 내용을 완성하세요.

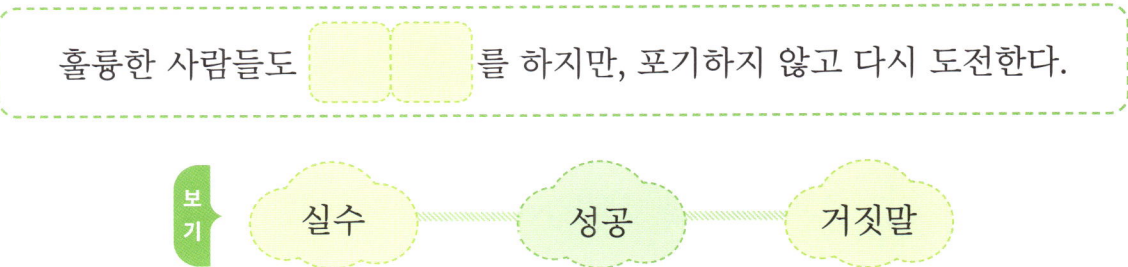

훌륭한 사람들도 [   ]를 하지만, 포기하지 않고 다시 도전한다.

보기   실수   성공   거짓말

오늘의 속담

원숭이
➡ 전문가,
능숙하고
잘하는 사람

원숭이도 나무에서 떨어진다

익숙하고 잘하는 사람이라도 실수할 때가 있다.

나무 타기에 능숙한 원숭이도 가끔 나무에서 떨어진다고 해요.

아무리 일을 잘하고 익숙한 사람도 때로는 실수하고 실패할 수 있으니,

실수를 너무 두려워하지 마세요.

나무에서
떨어진다
➡ 실수, 실패

함께 알아두면 좋은 속담

★ **공든 탑이 무너지랴** : 정성 들여 열심히 한 일은 쉽게 무너지지 않는다.

---

1 다음 글을 읽고 어울리는 속담에 ○표 하세요.

> 예은: 나 줄넘기 100개에 성공했어! 드디어
>　　　줄넘기 왕에 도전할 수 있어!
> 윤호: 매일 저녁 공원에서 연습하더니 결국
>　　　해냈구나!
> 예은: 맞아, 꾸준히 하니까 진짜 된다!

원숭이도 나무에서 떨어진다

공든 탑이 무너지랴

---

2 빈칸에 들어갈 알맞은 말을 쓰세요.

> 우리 아빠는 요리를 정말 잘하시는데, 오늘은 된장찌개에 소금 대신 설탕을 넣으셨다. 엄마가 웃으
>
> 면서 "'　　　도 나무에서 떨어진다'더니 오늘은 아빠가 그렇네!"라고 하셨다.

📝 내 경험을 담은 '나만의 속담'을 만들어 보세요.

예   BTS도 안무 실수할 때가 있다

내 생각   BTS처럼 유명하고 춤을 잘 추는 가수도 무대에서 실수할 때가 있다. 그렇지만 실수한 뒤에도 멈추지 않고 끝까지 멋진 무대를 만들었다.

➡   [   ] 도 [   ] 때가 있다

내 생각

배경지식 플러스

원숭이가 나무를 잘 타는 이유

원숭이는 나무 위에서 살아가는 데 꼭 맞는 몸을 가지고 있어요. 팔과 다리가 길고 유연해서 가지를 쉽게 잡고 재빠르게 움직일 수 있지요. 손가락도 사람처럼 길고 잘 구부려져 나뭇가지를 단단히 움켜쥘 수 있어요. 어떤 원숭이는 꼬리로도 나뭇가지를 감을 수 있는데, 이런 꼬리를 '잡는 꼬리'라고 불러요. 이처럼 나무 생활에 잘 어울리는 몸 덕분에, 원숭이는 높은 가지 사이를 날듯이 뛰어다니지요. 또한 나무 위에서 먹이를 찾고, 쉬며, 천적도 피한답니다.

안전은 미리미리 챙겨요!

길을 걸을 때 스마트폰을 보면 위험한 상황이 생길 수 있어요.

지난주에 한 친구가 영상에 집중하느라 신호등도 못 보고 오토바이와 부딪히는 사고를 당했어요. 사고가 난 후 친구는 그제야 '그냥 집에 가서 볼 걸!'이라며 많이 후회했어요.

이처럼 사고가 난 뒤에야 후회하는 것은 너무 늦어요. 우리는 다치기 전에 미리 조심하고, 안전 **수칙**을 잘 지켜야 해요. 작은 **부주의** 하나가 큰 사고로 이어질 수 있기 때문이에요.

<꼭 기억해야 할 교통안전 수칙 8가지>

1. 길에서는 스마트폰을 사용하지 않아요.
2. 횡단보도를 건널 때는 좌우를 살펴요.
3. 초록불이 켜져도 차가 멈췄는지 확인해요.
4. 자전거를 탈 때는 헬멧을 꼭 써요.
5. 이어폰을 낀 채 걷지 않아요.
6. 골목길에서는 차가 갑자기 나올 수 있으니 조심해요.
7. 차를 탈 때는 반드시 안전띠를 매요.
8. 차에서 내릴 때도 주위를 살펴요.

사고는 잠깐이지만, 후회는 오래 남아요.
'소 잃고 외양간 고친다'라는 말처럼,
일이 벌어진 뒤가 아니라 미리 안전을 지키는
습관이 필요해요.

휴대폰을 보며 걸으면 위험해!

**단어
풀이** **수칙**(지킬 수守 법칙 칙則): 어떤 일을 할 때 마땅히 지켜야 할 규칙
부주의(아니 부不 물댈 주注 뜻 의意): 조심하지 않음. 또는 마음을 기울이지 않음.

1 이 글의 내용으로 맞으면 O표, 틀리면 X표 하세요.

안전 수칙은 사고가 난 뒤에 생각해도 늦지 않다.

이어폰을 낀 채 걷지 않는다.

2 다음 내용을 일어난 순서대로 바르게 나열하세요.

ㄱ. '그냥 집에 가서 볼 걸!' 하고 후회했다.

ㄴ. 신호등을 못 보고 오토바이와 부딪혔다.

ㄷ. 길을 걸으며 스마트폰을 봤다.

3 다음 상황과 알맞은 교통안전 수칙을 연결하세요.

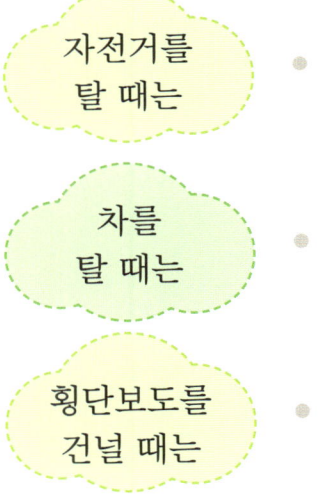

자전거를 탈 때는

차를 탈 때는

횡단보도를 건널 때는

좌우를 살펴요

헬멧을 써요

반드시 안전띠를 매요

4 이 글에서 가장 강조하고 있는 중심 내용은 무엇인가요?

① 사고가 난 후 처리하는 방법

② 친구들과 스마트폰을 공유하는 방법

③ 사고를 막기 위해 미리 조심하는 습관

오늘의 속담

소 잃고 외양간 고친다

일이 잘못된 뒤에 뒤늦게 대책을 세운다.

소를 잃다
➡ 큰 손해,
실패

외양간 고친다
➡ 문제가
생긴 후
뒤늦은 조치

외양간이란 소, 염소 같은 가축이 지내는 우리를 말해요.
큰일이 벌어진 뒤에야 허둥지둥 고치지 말고
미리 대비하고 조심하자는 뜻이에요.

함께 알아두면 좋은 속담

★ **호미로 막을 것을 가래로 막는다** ㅣ 작은 문제일 때 고쳤으면 쉽게 끝났을 일을, 크게 키운
다음에야 고치느라 더 큰 힘이 든다.

* 호미는 작은 농기구로, 잡초를 뽑거나 흙을 살짝 파는 데 쓰여요. 가래는 아주 크고 무거운 농기구로, 땅을 깊이 파거나 많은 흙을 옮길 때 써요.

1 다음 글을 읽고 어울리는 속담에 ○표 하세요.

> 은우: 처음부터 사실대로 말할걸, 거짓말 때
> 문에 엄마가 더 화가 나셨어.
> 하나: 결국 선생님까지 모두 아시게 되었잖아.
> 은우: 잘못을 숨기려다가 일이 더 커져 버렸어.

호미로 막을 것을 가래로 막는다

소 잃고 외양간 고친다

2 빈칸에 들어갈 알맞은 말을 쓰세요.

> 하진이는 휴대폰에 케이스를 씌우지 않은 채 늘 손에 들고 다녔다. 그러다 떨어뜨려 화면이 깨지고
> 나서야 케이스를 씌웠다. "☐ 잃고 외양간 고친다더니 딱 내 얘기네." 하고 후회했다.

🔺 오늘 배운 속담을 바탕으로, 내 경험을 담은 생각을 써 보세요.

최근에 가장 후회했던 적은 언제인가요?

예 **후회했던 일:** 용돈을 모아 겨우 산 소중한 볼펜을 잃어버렸다. 하루 종일 찾아다녔지만 결국 찾지 못했다.

'이름이라도 써 두었더라면 누가 함부로 가져가지도 않았을 테고, 찾기도 쉬웠을 텐데.' 하고 후회했다.

앞으로의 다짐과 실천: 모든 물건에는 이름을 써 두고 관리를 잘해야겠다.

내 생각

후회했던 일:
_____

_____

앞으로의 다짐과 실천:
_____

_____

_____

배경지식 플러스

길에서 이어폰을 끼면 위험한 이유

  귀는 소리를 듣는 것뿐 아니라 위험을 감지하는 기관이에요. 길을 걸을 때 차나 자전거 소리를 듣고 피할 수 있는 것도 귀 덕분이지요. 하지만 이어폰으로 크게 음악을 들으면 주변 소리가 차단돼요. 실제로 청력을 잃은 보행자는 교통사고 위험이 두 배 이상 높다는 조사도 있어요.

  그래서 최근 주변 소리를 함께 들을 수 있는 '개방형 이어폰'도 나왔어요. 무엇보다 안전을 위해서는 귀를 막지 않고 주변 소리에 집중하는 습관이 필요해요.

올챙이 시절을 잊지 말아요!

연못 속을 보면 꼬리 달린 작은 올챙이가 헤엄치고 있어요. 올챙이는 개구리의 어린 시기로, 다리가 없고 물속에서 **아가미**로 숨을 쉬어요. 시간이 지나면 다리가 자라고 꼬리가 짧아져 **허파**로 숨 쉬며 땅에서도 살 수 있는 개구리가 되지요.

그런데 어른 개구리는 올챙이를 보면서, 물속에서 살던 어린 시절을 잊고 '왜 아직도 물속에 있지?'라고 생각할 수도 있어요. 여기서 나온 속담이 '**개구리 올챙이 적 생각 못 한다**'예요. 예전에는 어려웠으면서도 지금은 잘하게 됐다고, 그 시절을 잊고 다른 사람을 무시하거나 돕지 않는 사람을 꾸짖는 말이지요.

예를 들어, 줄넘기를 못 하던 친구가 연습 끝에 잘하게 되었는데, 이제는 못 하는 친구를 놀린다면 올챙이 시절을 잊은 개구리와 같아요. 개구리는 '알 → 올챙이 → 다리 달린 올챙이 → 개구리'로 자라는데, 이런 변화를 '탈바꿈'이라 해요. 우리도 성장하면서 몸과 마음이 바뀌니, 서툴렀던 나를 기억하고 힘들거나 어려워 하는 친구에게 따뜻하게 대해야 해요.

알 ➡ 올챙이 ➡ 다리 달린 올챙이 ➡ 개구리

단어풀이
아가미: 물고기, 양서류 등의 생물이 호흡할 때 쓰는 기관으로 물속의 산소를 걸러서 혈액으로 전달함.
허파: 사람, 포유류, 양서류 등의 생물이 호흡 때 쓰는 기관으로 공기 중의 산소를 들이마시고 이산화탄소를 내보냄.

1 빈칸에 들어갈 알맞은 말을 쓰세요.

> 올챙이가 개구리가 되듯이 몸의 형태가 크게 바뀌는 과정을 ☐☐☐ 이라 한다.

2 이 글의 내용으로 맞으면 ○표, 틀리면 X표 하세요.

> 올챙이는 허파로 숨을 쉰다. ☐

> 개구리는 땅에서도 살 수 있다. ☐

3 '개구리 올챙이 적 생각 못 한다'라는 속담과 어울리는 상황은 무엇인가요?

> 농구를 잘하게 된 아이가
> 처음 배우는 친구를 놀리는 모습

> 피아노를 배운 적이 없는 아이가
> 피아노를 연주하는 모습

4 이 글의 중심 생각으로 가장 알맞은 것은 무엇인가요?

① 줄넘기를 잘하려면 꾸준히 연습해야 한다.

② 동물의 성장 과정은 우리 삶과는 크게 관련이 없다.

③ 어려웠던 시절을 기억하고 다른 사람을 배려해야 한다.

오늘의 속담

개구리 올챙이 적 생각 못 한다

개구리
➡ 지금의 성공하고 능숙한 모습

올챙이
➡ 과거 어렵고 서툴렀던 시절

생각 못 한다
➡ 그때의 어려움과 모습을 잊음

형편이 어려웠던 지난 시절을 잊고, 지금의 잘 된 모습만 생각하며 남을 무시한다.

개구리가 되기 위해서는 반드시 올챙이의 시기를 거쳐야 해요. 지금은 성공하고 능숙해졌지만, 예전의 서툴고 힘들었던 때를 잊은 채 다른 사람을 무시하거나 배려하지 않는 모습을 꾸짖는 말이에요.

함께 알아두면 좋은 속담

★ **우물 안 개구리** : 넓은 세상을 보지 못하고, 자기의 좁은 견문 속에만 갇혀 있는 사람

---

1 다음 글을 읽고 어울리는 속담에 ○표 하세요.

> **현우:** 나 게임 진짜 잘해. 우리 반에서 날 이길 사람은 없을걸?
>
> **태훈:** 너 지난번에 전국게임대회 영상 봤어? 정말 차원이 다르던데!
>
> **민재:** 현우야, 우리 반뿐 아니라 더 큰 세상도 바라봐!

우물 안 개구리

소 잃고 외양간 고친다

2 빈칸에 들어갈 알맞은 말을 쓰세요.

> 태훈이는 할머니가 스마트폰을 잘 쓰지 못하자 답답했어요. 아빠는 "너도 처음에는 하나도 몰랐잖아. ☐☐☐ 올챙이 적 생각 못 하네." 하고 웃으셨다.

✏️ 오늘 배운 속담을 바탕으로, 내 경험을 담은 생각을 써 보세요.

여러분도 올챙이였던 적이 있었나요?

예   **잘하게 된 일**: 혼자서도 책을 잘 읽게 되었다.

     특별히 노력한 점: 책을 소리 내서 읽고, 매일 한글 공부를 열심히 했다.

     다른 사람에게 해주고 싶은 말 : 한글을 모르는 것은 부끄러운 일이 아니야. 꾸준히 연습하면 혼자서도 책을 잘 읽을 수 있어!

내 생각

잘하게 된 일 :
_____

특별히 노력한 점 :
_____

_____

다른 사람에게 해주고 싶은 말 :
_____

_____

배경지식 플러스

개구리로 환경오염을 측정하는 이유

개구리는 깨끗한 물과 공기, 촉촉한 땅이 있어야 살아요. 알을 물속에 낳고 피부로 숨 쉬어 환경이 조금만 나빠져도 영향을 받아요. 그래서 개구리 수나 모습이 변하면 자연에 문제가 생긴 신호로 봅니다. 실제로 눈이 세 개 달린 개구리가 발견되었고, 농약이나 오염물질이 원인이라는 연구도 있었어요. 개구리는 '생물학적 지표 생물'로, 건강 상태를 보면 그곳 환경의 깨끗함을 알 수 있어요. 개구리를 지키는 것은 곧 환경을 지키는 일이에요.

1 <보기>에서 알맞은 단어를 찾아 속담을 완성하세요.

> **보기** 원숭이 쥐 바다 구멍

(1) 하늘이 무너져도 솟아날 ▢▢ 은 있다

(2) ▢▢▢ 도 나무에서 떨어진다

(3) ▢ 구멍에도 볕 들 날 있다

2 다음 속담과 뜻을 알맞게 연결하세요.

(1) ┌ 소 잃고 외양간 고친다 ┐ •   • 정성을 다한 일은 쉽게 무너지지 않는다.

(2) ┌ 공든 탑이 무너지랴 ┐ •   • 처음의 어려움을 잊고 잘난 체한다.

(3) ┌ 개구리 올챙이 적 생각 못 한다 ┐ •   • 일이 잘못된 뒤에 뒤늦게 대책을 세운다.

3 다음 글을 읽고 어울리는 속담을 쓰세요.

> 책상에 앉아 교과서를 펼쳤지만, 글자만 눈으로 쓱 훑고 넘어갔어요. 시험 날이 되자 문제를 풀 수 없어서 속이 탔지요. 친구가 "너, 제대로 안 외웠구나?" 하고 물어보았어요. 꼼꼼히 공부하지 않은 게 후회되었어요.

답 수박 _____

알쏭달쏭 헷갈리는 받침 글자

받침은 글자의 꼬리처럼 끝소리를 정해 주는 거예요. '겉, 것, 없다, 업다'처럼 소리가 비슷해도 받침이 다르면 뜻이 달라져요. 그래서 받침을 잘 알아야 글을 바르게 읽고 쓸 수 있어요.

(1)

겉 VS 것

겉
물체의 바깥 부분
예 **겉**모습, **겉**표지

것
사물이나 일을 이르는 말
예 필요한 **것**, 중요한 **것**

(2)

볕 VS 볏

볕
햇빛이나 해가 비치는 기운
예 따뜻한 **볕**, 봄**볕**

볏
닭의 머리 위에 빨갛게 난 살
예 닭의 **볏**, **볏**이 크다

(3)

없다 VS 업다

없다
어떤 것이 있지 않거나
가지지 못하다.
예 사탕이 **없다**, 숙제가 **없다**

업다
사람이나 물건을
등에 지다.
예 동생을 **업다**, 인형을 **업다**

(4)

붙다 VS 붓다

붙다
맞닿아 떨어지지 않는다.
뜻 풀이 **붙다**, 봉투가 **붙다**

붓다
살이나 몸이 부풀어 오르다.
뜻 발이 **붓다**, 얼굴이 **붓다**

3단원

속담으로 배우는

생활 속 지혜

급식 탐험 일지를 써 보자!

"얘들아, 오늘은 '급식 탐험 일지'를 써 볼 거야. 우리 학교 급식을 관찰하고, **오감**으로 느낀 맛과 생각을 글로 표현해 보자!"

선생님의 말씀에 교실이 **술렁거렸어요**.

"우와, 재밌겠다!"

"급식 이야기를 쓰는 거예요? 저 잘할 수 있어요!"

그때 은우가 손을 번쩍 들고 말했어요.

"선생님! 금강산도 식후경인데요, 일지는 5교시에 쓰면 안 돼요? 배고프면 급식 생각만 나서 글이 안 써져요."

아이들은 고개를 끄덕이며 맞장구쳤고, 선생님도 빙그레 웃으셨어요.

"맞아, 배부터 채우고 써야 더 맛있는 글이 나오겠지? 그러면 점심 먹고 5교시에 쓰자!"

⟨은우의 급식 탐험 일지⟩	⟨유나의 급식 탐험 일지⟩	⟨민재의 급식 탐험 일지⟩
제일 좋아하는 메뉴 : 돈가스	**제일 좋아하는 메뉴** : 마라탕	**제일 좋아하는 메뉴** : 짜장밥
바삭한 소리와 고소한 냄새가 식판 위에서부터 맛있다. 케첩을 찍어 한 입 베어 물면 속은 촉촉하고 겉은 바삭하다. 먹고 나면 온종일 힘이 나는 느낌이다.	빨간 국물에 재료가 가득 들어 있어 보기만 해도 신난다. 얼얼한 향이 코를 간질이고, 당면은 쫄깃쫄깃! 살짝 맵지만 그게 더 맛있다.	밥 위에 짜장 소스가 부드럽게 흐를 때 군침이 돈다. 감자랑 고기가 쫀득하게 씹히고, 달콤한 맛이 입에 오래 남는다. 밥 한 숟갈에 행복이 담긴 느낌이다.

단어 풀이
오감(다섯 오五 느낄 감感): 사람의 다섯 가지 감각. 시각, 청각, 후각, 미각, 촉각을 가리킴.
술렁거리다: 여러 사람이 소란스럽고 떠들썩하게 움직이다.

1 '급식 탐험 일지'에 대한 설명으로, 빈칸에 들어갈 알맞은 말을 쓰세요.

학교 급식을 관찰하고, ☐☐ 으로 느낀 맛과 생각을 글로 표현해 보는 활동이다.

2 이 글의 내용으로 맞으면 ○표, 틀리면 X표 하세요.

은우는 '급식 탐험 일지'를 점심 먹기 전에 쓰자고 했다. ☐

유나는 마라탕의 살짝 매운맛이 오히려
더 맛있는 이유라고 했다. ☐

3 음식에 대한 설명과 음식을 알맞게 연결하세요.

향이 얼얼하다	•	•	돈가스
겉은 바삭하고 속은 촉촉하다	•	•	짜장밥
달콤한 맛이 입에 오래 남는다	•	•	마라탕

4 세 명의 '급식 탐험 일지'를 읽고 알 수 있는 공통점은 무엇인가요?

① 세 명 모두 급식이 맛이 없고 먹기 싫다고 느꼈다.

② 도시락이 급식보다 낫다고 비교하며 불만을 드러냈다.

③ 좋아하는 메뉴를 생생하게 표현하며 즐거워했다.

오늘의 속담

금강산도 식후경

금강산
➡ 멋진 경치,
좋은 일

식후(食後)
➡ 먹고 나서,
기본적인 욕구

경(景)
➡ 경치,
즐길 수 있음

아무리 좋은 경치나 일이라도 배가 불러야 마음에 여유가 생기고 즐길 수 있다.

금강산은 우리나라에서 경치가 아름답기로 유명한 산이에요.
'식후경'은 밥을 먹고 난 뒤에 경치를 즐긴다는 뜻이에요.
사람은 배가 고프면 아무리 좋은 것도 잘 느끼지 못하기 때문에
배가 부르고 나서야 제대로 즐길 수 있다는 뜻을 담고 있어요.

함께 알아두면 좋은 속담

★ 속 빈 강정 : 겉은 그럴듯해 보여도 속은 텅 비어 있다.

5 다음 글을 읽고 어울리는 속담에 ○표 하세요.

수빈: 와, 아까 민재가 준 선물 포장 봤어?
　　　리본이랑 상자가 정말 예뻤어!
지호: 응, 그런데 열어 보니까 사탕 딱 하나
　　　들어 있었서 조금 놀랐어.
다연: 정말? 겉만 화려하고 안은 텅 비었네!

속 빈 강정

금강산도 식후경

6 빈칸에 들어갈 알맞은 말을 쓰세요.

온 가족이 놀이공원에 갔다. 나는 도착하자마자 놀이기구를 타고 싶었지만, 엄마는 "먼저 도시락부터 먹자! □□□도 식후경이잖아." 라고 하셨다. 밥을 먹고 나니 더 힘차게 놀 수 있었다.

✏ 오늘 배운 속담을 바탕으로, 내 경험을 담은 생각을 써 보세요.

'금강산도 식후경'을 직접 경험한 적이 있나요?

예 게임을 하는데 평소보다 잘하지 못했다. 그날 내가 좋아하는 급식 메뉴가 안 나와서 점심을 적게 먹었더니 배가 고파서 게임에 집중하지 못했다.

예 수학 학원 숙제가 많았는데, 달콤한 아이스크림을 먹고 기분이 좋아져 순식간에 다 풀었다.

내 생각

배경지식 플러스

사계절마다 경치도, 이름도 달라지는 금강산

금강산은 강원도 북쪽 북한에 있는 산으로, 우리나라에서 가장 아름다운 산 중 하나예요. 조선 시대에는 많은 시인과 화가들이 금강산을 보고 감탄했어요. 놀랍게도 금강산은 계절마다 다른 이름으로 불려요. 봄에는 꽃과 새싹이 어우러져 '금강산', 여름에는 폭포와 구름이 멋진 '봉래산', 가을에는 단풍과 바람 소리가 어울린 '풍악산', 겨울에는 험준한 바위가 드러나는 '개골산'이라 부르지요. 자연이 만들어 낸 이 신비로운 경치는, 지금도 많은 사람의 마음을 끌고 있답니다.

용돈도 계획이 필요해!

편의점 앞 뽑기 기계에서 신나는 소리가 들렸어요. 알록달록한 인형과 장난감이 들어 있는 투명한 공이 빙글빙글 돌고 있었지요. 동현이도 갖고 싶었지만, 며칠 전 용돈으로 받은 3,000원을 과자와 음료수를 사는 데 다 써 버려 뽑기를 할 수 없었어요. 그때는 즐거웠지만, 지금은 후회가 되었어요.

"휴, **그림의 떡**이네……."

동현이는 뽑기 기계를 바라보며 중얼거렸어요. 지금 그 장난감은 보기만 할 뿐 가질 수 없었지요.

> 필요한 것: 연필, 공책
> 사고 싶은 것: 장난감
> 남는 돈: 돼지저금통에 저축!

그날 수업 시간에 선생님은 '용돈 관리'에 대해 이야기했어요.

"돈은 계획을 세워 써야 해요. 꼭 필요한 것부터 생각하고, 사고 싶은 게 있다면 목표를 세워 조금씩 모아 보세요. 보통 돈은 **소비**(지금 쓰는 돈), **저축**(미래를 위해 모으는 돈), 기부(누군가를 돕는 돈)로 나누지요. 이렇게 하면 '그림의 떡'이 진짜 떡이 될 수 있답니다."

그날 이후 동현이는 용돈을 받으면 먼저 용돈 기입장에 계획을 적었어요. 조금씩 돈이 모이자, 동현이는 더 신중해졌어요. 그리고 마침내 자신이 모은 돈으로 갖고 싶은 장난감을 산 후, 이렇게 말했어요.

"와, 이번에는 진짜 내 힘으로 얻은 거야!"

단어 풀이
소비(사라질 소 消 쓸 비 費): 돈이나 물건을 써서 없앰.
저축(쌓을 저 貯 쌓을 축 蓄): 돈이나 물건을 쓰지 않고 모아 둠.

1 빈 칸에 들어갈 알맞은 말을 쓰세요.

동현이는 용돈을 받으면 먼저 ⬜⬜⬜⬜⬜ 에 계획을 적었다.

2 이 글의 내용으로 맞으면 ○표, 틀리면 X표 하세요.

동현이는 친구에게 돈을 모두 빌려주어 뽑기를 할 수 없었다. ┄┄┄ ⬜

선생님께서는 돈을 세 가지로 나누어 쓰는 방법을 알려 주셨다. ┄┄┄ ⬜

3 다음 돈의 쓰임과 알맞은 설명을 연결하세요.

소비 •   • 미래를 위해 모으는 돈

저축 •   • 지금 쓰는 돈

기부 •   • 누군가를 돕는 돈

4 이 글의 중심 내용으로 가장 알맞은 것은 무엇인가요?

① 용돈은 계획적으로 써야 한다.

② 뽑기 기계는 재미있는 놀이이다.

③ 그림의 떡은 진짜 떡보다 더 맛있다.

65

오늘의 속담

그림의 떡

그림
➡ 볼 수만
있는 것

떡
➡ 가지고
싶은 것

보기만 할 뿐 실제로 가지거나 쓸 수 없는 것

그림 속 떡은 볼 수만 있고 실제로 먹을 수는 없지요. 그래서
'그림의 떡'은 눈앞에 있긴 하지만 실제로는 가질 수 없는 것을 비유할 때 써요.
겉보기에는 좋아 보여도 현실에서는 소용이 없거나
내 것이 될 수 없는 상황을 말할 때 자주 사용해요.

함께 알아두면 좋은 속담

★ 떡 줄 사람은 꿈도 안 꾸는데 김칫국부터 마신다 : 될지 안 될지도 모르는 일을 미리 기대하고
서두른다.

1 다음 글을 읽고 어울리는 속담에 ○표 하세요.

고모: 이번에 면접 본 회사가 왠지 느낌이
　　　좋아. 곧 합격 문자가 올 것 같아. 부
　　　모님한테는 벌써 취업했다고 말했어!
수빈: 고모! 아직 발표도 안 났는데 벌써?
　　　결과가 나오고 기뻐해도 늦지 않아!

남의 떡이 더 커 보인다

떡 줄 사람은 꿈도 안 꾸는데
김칫국부터 마신다

2 빈칸에 들어갈 알맞은 말을 쓰세요.

아빠는 고급 자동차 광고를 보며, "지금 내게는 그림의 　　　이지."라며 아쉬워하셨다. 그러자 다은
이는 "지금 아빠 차도 멋지고 안전해서 좋아요!"라고 말했다.

🔖 오늘 배운 속담을 바탕으로, 내 경험을 담은 생각을 써 보세요.

가지고 싶었지만 실제로 가질 수 없었던 경험이 있나요?

예   언니가 피아노 연주회를 앞두고 정말 예쁜 드레스를 샀다. 하지만 나에게는 너무 컸고, 나는 피아노 연주회를 나가지 않으므로 그 드레스를 입을 수 없었다.

느낀 점   세상에는 좋아 보이고 갖고 싶은 게 많지만 모두 다 가질 수는 없다.

내 생각

예:

느낀 점:

배경지식 플러스

광고 속 음식이 맛있어 보이는 이유

광고에는 음식이 크고 맛있어 보이지만, 실제로 음식을 받으면 실망할 때가 있어요. 그건 사진을 찍을 때 음식을 더 커 보이게 연출하기 때문이에요. 빵 사이에 이쑤시개를 넣거나, 덜 익힌 고기로 색을 진하게 보이게 하기도 해요. 먹을 수 없는 비누 거품을 아이스크림처럼 쓰기도 하지요. 사진으로는 멋져 보여도 무조건 믿지 말고, 광고와 현실의 차이를 따져 보고 식품을 구입해야 해요.

모두에게 쉬운 기계라고?

요즘 햄버거 가게나 분식집에 가면, 종업원 대신 기계로 **주문**하는 모습을 볼 수 있어요. '키오스크'라고 불리는 이 기계는 화면의 버튼만 누르면 음식을 고르고 계산까지 할 수 있어요. 그래서 어떤 사람들은 이렇게 말해요.

"식은 죽 먹기처럼 쉽다!"

이런, 너무 복잡하구만!

하지만 할머니, 할아버지들은 이 키오스크가 낯설고 어렵다고 느끼는 경우가 많아요. 글씨가 작거나 화면이 복잡하게 느껴지기도 하고, 실수할까 봐 걱정되기도 해요. 젊은 사람들에게는 쉬운 일이지만, 어르신들에게는 어려운 일일 수 있다는 것을 알아야 하지요. 이럴 때는 우리가 먼저 도와드릴 수 있어요.

"할머니, 제가 도와드릴까요?" 하고 말해 보는 거예요. 작은 친절이 어르신들께는 큰 힘이 되지요. 또한 가게에는 키오스크만 두는 것이 아니라, 직접 주문을 받아주는 직원도 꼭 있어야 해요. 누구나 편하게 이용할 수 있으려면 사람의 따뜻한 손길이 필요하니까요.

'식은 죽 먹기'가 모두에게 똑같이 쉬운 일은 아니에요. 그래서 서로 도와주고 **배려**하는 마음이 꼭 필요해요.

 단어풀이

주문(물댈 주注 글 문文): 먹고 싶은 음식이나 사고 싶은 물건을 요구함.
배려(짝 배配 생각할 려慮): 도와주거나 보살펴 주려고 마음을 씀.

1 빈 칸에 들어갈 알맞은 말을 쓰세요.

> ☐☐☐☐ 는 화면의 버튼만 누르면 음식을 고르고 계산할 수 있는 기계이다.

2 이 글의 내용으로 맞으면 ○표, 틀리면 X표 하세요.

> 키오스크가 있으면 가게에는 직원이 없어도 된다.   ☐

> 어르신들은 키오스크 사용을 어렵게 느끼기도 한다.   ☐

3 '식은 죽 먹기'의 뜻으로 알맞은 것은 무엇인가요?

쉽게 할 수 있는 일   위험하고 조심해야 하는 일   많은 시간과 노력이 드는 일

4 이 글의 중심 내용으로 알맞은 것은 무엇인가요?

① 키오스크는 음식을 빨리 만들 수 있는 기계이다.

② 모두가 편리하게 이용하려면 도움의 손길이 필요하다.

③ 키오스크는 식당에 꼭 있어야 하는 중요한 결제 장치이다.

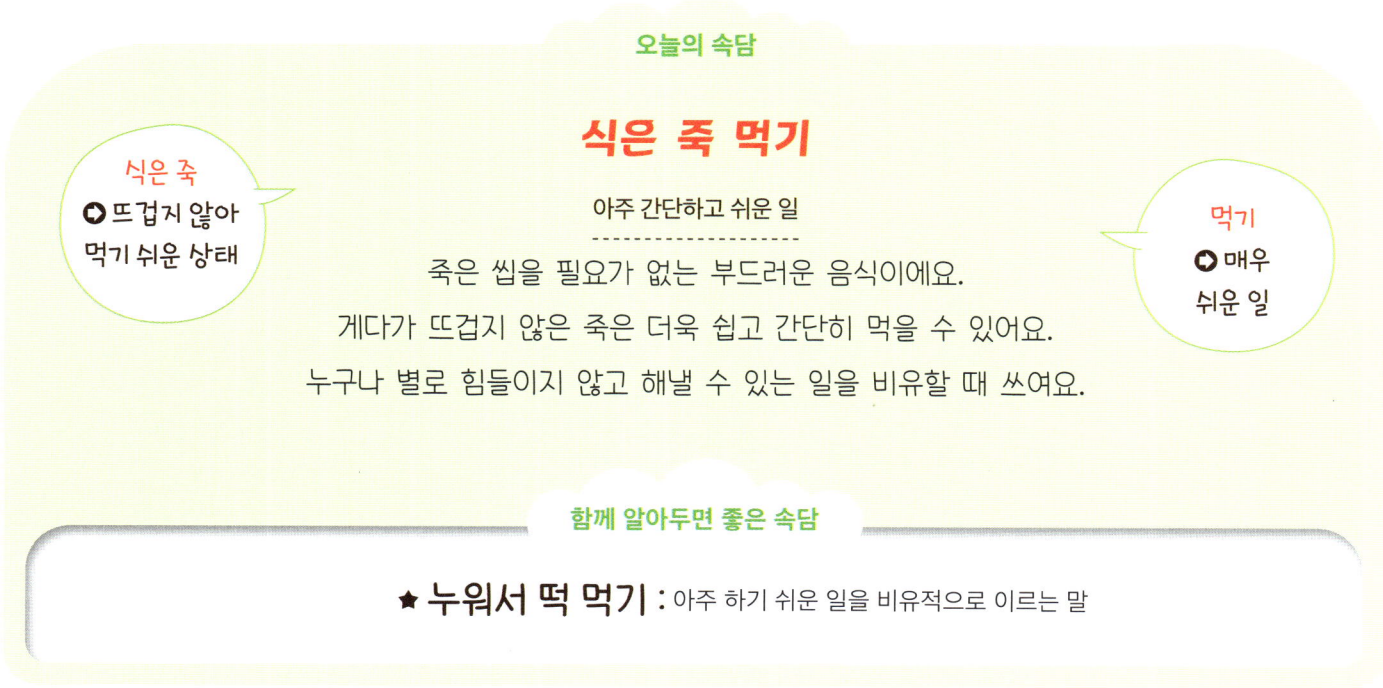

STEP 3 어휘력 플러스

오늘의 속담

식은 죽 먹기

식은 죽
➔ 뜨겁지 않아 먹기 쉬운 상태

아주 간단하고 쉬운 일

죽은 씹을 필요가 없는 부드러운 음식이에요.
게다가 뜨겁지 않은 죽은 더욱 쉽고 간단히 먹을 수 있어요.
누구나 별로 힘들이지 않고 해낼 수 있는 일을 비유할 때 쓰여요.

먹기
➔ 매우 쉬운 일

함께 알아두면 좋은 속담

★ **누워서 떡 먹기** : 아주 하기 쉬운 일을 비유적으로 이르는 말

1 다음 글을 읽고 어울리는 속담에 ○표 하세요.

민수: 엄마, 오늘 저녁은 왜 이렇게 빨리 준비했어요?
엄마: 맨날 만드는 김치찌개인데 이 정도는 눈감고도 하지!
민수: 우와, 나는 엄마 김치찌개가 세상에서 제일 맛있어요!

남의 떡이 더 커 보인다 ( )

누워서 떡 먹기 ( )

2 빈칸에 들어갈 알맞은 말을 쓰세요.

요리 초보인 나도 라면 끓이기는 '식은 ( ) 먹기'다. 냄비에 물 붓고, 면 넣고, 수프만 넣으면 되니까 정말 간단하다.

오늘 배운 속담을 바탕으로, 내 경험을 담은 생각을 써 보세요.

다른 사람은 어려워하지만, 나는 쉽게 할 수 있는 일이 있나요?

예　나는 블록 조립이 식은 죽 먹기처럼 쉽다. 어릴 때부터 블록 가지고 노는 걸 좋아해서, 지금은 어떤 모양이든 척척 만들 수 있다. 친구들이 어려워하는 복잡한 동물 모양도 나는 빠르게 만든다.

내 생각

배경지식 플러스

사람 대신 일하는 기계와 로봇

　최근 우리 주변에는 사람 대신 일을 해주는 기계와 로봇이 점점 많아지고 있어요. 집에서는 로봇 청소기가 바닥을 돌아다니며 먼지를 빨아들이고, AI 스피커는 "오늘 날씨는 어때?"라고 물으면 대답해 줘요. 마트와 카페에서는 무인 계산대나 주문기로 결제를 할 수 있어요. 병원과 공항에서는 키오스크가 접수나 탑승 수속을 도와주지요. 이처럼 다양한 자동화 기계들이 우리 일상의 풍경을 바꾸고 있어요. 앞으로 어떤 기계와 로봇이 우리와 함께하게 될까요?

단단한 땅에는 비밀이 있다고?

비가 내린 뒤 흙길은 질척거리고 물웅덩이가 생겨 걷기 불편해요. 그런데 며칠 뒤 다시 가보면, 오히려 더 단단하게 굳어 있어요.

이런 현상을 예로부터 사람들은 '비 온 뒤에 땅이 굳어진다'라는 속담으로 표현했어요. 그 말처럼, 실제로 땅은 비를 맞고 더 단단해질 수 있어요. 왜 그럴까요?

흙은 입자의 크기에 따라 모래, 실트, 점토로 나뉘어요. 이 중 점토는 가장 **입자**가 작고, 물을 흡수하면 끈적해지는 성질이 있어요. 비가 오면 흙 속 입자 사이에 물이 들어가면서 입자들이 더 가까워지고, 점토 입자는 물을 머금은 채 서로 엉겨 붙게 돼요. 이후 비가 그치고 수분이 증발하면, 입자들이 **압착**되며 단단한 구조를 만들어요. 이걸 토양의 '다짐 현상'이라고 해요.

땅이 단단해지는 것처럼, 이런 변화는 역사 속에서도 찾아볼 수 있어요. 예를 들어, 독일은 제2차 세계 대전 이후 도시도 경제도 완전히 무너졌어요. 하지만 전쟁이 끝난 후 국민이 힘을 모아 무너진 건물과 삶을 하나씩 다시 세워 갔어요. 그 결과 독일은 지금, 세계에서도 손꼽히는 경제 강국이 되었어요. 큰 어려움을 겪고 난 뒤, 더 단단하고 강해진 모습이에요.

비를 맞은 흙처럼, 누구나 힘든 시간을 견뎌야 진짜 단단해질 수 있어요. 자연과 역사 속에는 그런 이야기들이 많이 숨어 있어요.

단어 풀이
입자(낟알 입粒 아들 자子): 물질을 이루는 아주 작은 알맹이
압착(누를 압壓 짤 착搾): 눌러서 물질의 밀도를 높임.

1 빈칸에 들어갈 알맞은 말을 쓰세요.

> [ ] [ ] 의 '다짐 현상'이란 비가 그치고 수분이 증발하면 입자들이 압착되며 단단한
> 구조를 만드는 것을 가리킨다.

2 이 글의 내용으로 맞으면 ○표, 틀리면 X표 하세요.

> 모래, 실트, 점토 중 점토가 가장 입자가 작다. [ ]

> 독일은 전쟁 후 빠르게 경제를 회복해
> 경제 강국이 되었다. [ ]

3 비유적 표현과 실제 상황을 알맞게 연결하세요.

> 비온 뒤
> 땅이 굳음   •   •   독일이 전쟁으로 큰 피해를 입음

> 비가
> 세차게 내림   •   •   전쟁 후 다시 일어난 독일의 경제 성장

4 이 글의 중심 내용으로 알맞은 것은 무엇인가요?

① 어려움을 겪은 뒤에 더 단단해질 수 있다.

② 비가 온 뒤에는 흙이 미끄럽고 걷기 불편하다.

③ 흙의 종류에 따라 식물에 주는 영향이 다르다.

오늘의 속담

비 온 뒤에 땅이 굳어진다

어려움을 겪은 뒤에 더 단단하고 강해진다.

비는 예상하지 못한 어려움이나 실패를 상징해요.
시련을 견딘 후 마음이나 상황이 더욱 강해지고
성장한다는 것을 뜻해요.

비 온 뒤에
➊ 갑작스런 어려움

땅이 굳어진다
➊ 강해지고 성장함

함께 알아두면 좋은 속담

★ **가랑비에 옷 젖는 줄 모른다** : 아무리 사소한 것이라도 그것이 거듭되면 무시하지 못할 정도로 크게 된다.

1 다음 글을 읽고 어울리는 속담에 ○표 하세요.

> 수진: 요즘 계속 늦게 자나봐?
>
> 예린: 응, 며칠쯤은 괜찮잖아. 어제도 게임하다가 새벽 3시에 갔어.
>
> 수진: 하지만 아침마다 피곤해하고 기침도 늘었잖아. 그게 계속되면 몸이 망가질 수도 있어.

비온 뒤에 땅이 굳어진다 ☐

가랑비에 옷 젖는 줄 모른다 ☐

2 빈칸에 들어갈 알맞은 말을 쓰세요.

> 부상으로 한동안 경기에 나서지 못했던 어느 축구선수는 재활 훈련 끝에 오히려 더 나은 실력을 갖추게 되었다. '비 온 뒤에 ☐ 이 굳어진다'는 말이 무엇을 뜻하는지 직접 보여준 셈이다.

✏️ 오늘 배운 속담을 바탕으로, 내 경험을 담은 생각을 써 보세요.

처음에는 실수하거나 잘 안돼서 속상했지만, 그 일이 나중에 도움이 된 적이 있나요?

예 　처음 발표할 때 너무 긴장해서 목소리가 작고 중간에 말을 잊어 버렸다. 그 경험 덕분에 다음 발표 때는 연습을 더 많이 해서 자신 있게 말할 수 있었다.

내 생각

배경지식 플러스

화산이 폭발한 후 땅에 일어나는 일

화산이 폭발하면 뜨거운 용암과 화산재가 땅을 덮어 모든 것을 태워 버리기도 해요. 하지만 시간이 지나 화산재가 흙과 섞이면, 오히려 땅이 더 비옥해져요. 화산재 속 칼륨·칼슘·마그네슘 같은 영양분은 식물의 뿌리를 튼튼하게 하고 열매를 잘 맺게 해요. 아이슬란드는 화산 덕분에 지열 에너지를 만들고, 제주도는 화산토에서 감귤과 콩이 잘 자라요.

자연은 무서울 때도 있지만, 그 안에 다시 살아갈 힘도 숨겨져 있어요.

아직도 완공되지 않은 성당은 누가 짓기 시작했을까?

안토니 가우디는 스페인 바르셀로나에서 활동한 건축가예요. 어릴 적 몸이 약했던 그는 혼자 자연을 관찰하며 시간을 보내곤 했어요. 그래서인지 그의 건축물에는 나뭇가지, 꽃, 동물의 뼈처럼 자연의 곡선과 구조가 녹아들어 있어요. 그는 "자연은 위대한 스승"이라 말하며, 자연의 아름다움을 건축으로 표현하고자 했어요.

대표작인 사그라다 파밀리아 성당은 1882년에 짓기 시작해서 지금까지도 완공되지 않을 만큼 규모가 커요. 가우디는 이를 단순한 건물이 아닌 예술 작품으로 만들고자 했어요.

그는 화려함을 멀리하고 건축에만 집중하며 검소하게 살다가 1926년 출근길에 교통사고로 세상을 떠났어요. 초라한 외모 탓에 처음에는 거지로 오해받았지만, 정체가 밝혀지자, 수천 명이 장례식에 모였어요. 비록 가우디는 떠났지만, 그의 **설계**와 철학은 그대로 남아 지금도 많은 이가 성당 완성을 위해 힘쓰고 있어요.

사그라다 파밀리아 성당은 여전히 세계 관광객들이 찾는 **명소**랍니다.

'사람은 죽으면 이름을 남기고 범은 죽으면 가죽을 남긴다'

진심과 정성을 다한 삶은 시간이 흘러도 잊히지 않는다는 것을 가우디를 통해 알 수 있어요.

 단어
풀이

설계(베풀 設 꾀할 計): 건축이나 토목 등의 공사에 대한 계획을 세우고 도면을 작성하는 일
명소(이름 名 곳 所): 경치가 좋거나 역사적인 일로 유명한 곳

1 빈칸에 들어갈 알맞은 말을 쓰세요.

> 스페인 바르셀로나의 건축가 안토니 ☐☐☐는
> 사그라다 파밀리아 성당을 설계하고 만든 인물이다.

2 이 글의 내용과 맞으면 ○표, 틀리면 ×표 하세요.

사그라다 파밀리아 성당은 1882년에
짓기 시작해 20년 만에 완공되었다. ┈┈┈┈┈ ☐

가우디는 출근하던 중 교통사고를 당했고,
결국 세상을 떠났다. ┈┈┈┈┈ ☐

3 가우디의 삶과 그로 인해 미친 영향을 알맞게 연결하세요.

어릴 때 몸이 약해 혼자 지내는 시간이 많았다. ●	● 성당을 감동적인 예술 작품으로 만듦
자연에서 건축의 아이디어를 얻었다. ●	● 나무나 꽃처럼 곡선이 살아 있는 건축을 설계함
검소한 생활을 하며 성당 설계에 집중했다. ●	● 자연을 관찰하며 상상력을 키움

4 이 글의 중심 내용으로 알맞은 것은 무엇인가요?

① 가우디는 자동차를 유심히 관찰하며 아이디어를 얻었다.

② 가우디는 자연을 닮은 건축물을 설계한 사람으로 유명하다.

③ 가우디의 실수로 사그라다 파밀리아 성당의 공사가 오랜 시간이 걸렸다.

오늘의 속담

사람은 죽으면 이름을 남기고 범은 죽으면 가죽을 남긴다

사람은 살아 있을 때 훌륭한 일을 하여 후세에 빛나는 이름을 남겨야 한다

사람은 죽으면
이름을 남기고
➡ 명예, 업적

호랑이는 죽은 뒤에도 아름다운 가죽을 남기듯, 사람도
세상을 떠난 뒤에는 그가 살아온 흔적인 '이름'이 남는다는 뜻이에요.
이름이란 단순한 호칭이 아니라 그 사람의 명예와 업적,
영향력을 의미하기 때문이에요.

범은 죽으면
가죽을 남긴다
➡ 가장 가치
있는 것

함께 알아두면 좋은 속담

★ 호랑이도 제 말 하면 온다 : 깊은 산에 있는 호랑이도 자기 이야기를 하면 찾아온다는
뜻으로, 남을 함부로 흉보아서는 안 된다는 말이다.

1 다음 글을 읽고 어울리는 속담에 ○표 하세요.

> 하준: 민서는 또 늦지? 맨날 늦고도 미안
> 하단 말도 없잖아.
> 지아: 그러니까! 어제도 회의 다 끝나갈
> 때쯤 왔대.
> 민서: (문 열고 들어오며) 얘들아, 나 다
> 들었어. 늦어서 미안!

호랑이도 제 말 하면 온다

호랑이 굴에 가야 호랑이
새끼를 잡는다

2 빈칸에 들어갈 알맞은 말을 쓰세요.

> 할아버지가 돌아가신 지 오래되었지만, 아직도 마을 사람들 사이에서 이름이 자주 언급된다.
> '사람은 죽으면 ☐☐ 을 남기고 범은 죽으면 가죽을 남긴다'는 말처럼, 좋은 삶을 사신 분
> 은 오래도록 사람들의 기억에 남는다.

✎ 오늘 배운 속담을 바탕으로, 내 경험을 담은 생각을 써 보세요.

> **친구들이 나를 어떤 사람으로 기억해 준다면 가장 기쁠까요?**
>
> 예   **기억되고 싶은 모습:** 나는 친구들에게 '약속을 잘 지키는 사람'으로 기억되고 싶다.
> 예전에 친구가 약속을 잊어 버려서 속상했던 적이 있어서, 그때부터 약속의 소중함을 더 깊이 느끼게 되었다.
>
> **앞으로 해야 할 행동:** 약속한 일은 꼭 지키고, 시간에 늦지 않도록 항상 신경 쓸 것이다.

내 생각

기억되고 싶은 모습:
....
....

앞으로 해야 할 행동:
....
....
....

배경지식 플러스

건축으로 이름을 남긴 인물, 에펠

프랑스 파리의 에펠탑은 1889년 세계 박람회를 위해 세운 철탑으로, 지금은 파리의 상징이 되었지요. 에펠탑을 만든 구스타브 에펠은 이 탑을 통해 강철 구조물의 아름다움을 보여 주었고, 그의 이름은 전 세계에 알려졌어요. 에펠탑은 처음에는 '못생기고 쓸모없다'라는 비난을 받았지만, 지금은 많은 사람에게 사랑받고 있어요. 자신만의 생각을 담아 만든 건물은 오래도록 기억되고, 만든 사람의 이름도 함께 역사에 남는답니다.

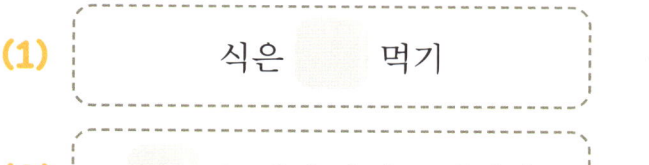

1 빈칸에 들어갈 단어를 알맞게 줄로 연결하세요.

(1) 식은 ▢ 먹기 ·

(2) ▢ 온 뒤에 땅이 굳어진다 ·

(3) ▢ 도 제 말하면 온다 ·

· 비

· 호랑이

· 죽

2 다음 속담의 뜻으로 알맞은 단어에 ◯표 하세요.

(1) 금강산도 식후경

뜻 아무리 좋은 경치라도 배가 (불러야/고파야) 즐길 수 있다.

(2) 가랑비에 옷 젖는 줄 모른다

뜻 사소한 것이라도 거듭되면 무시하지 못할 정도로 (작게/크게) 된다.

(3) 떡 줄 사람은 꿈도 안 꾸는데 김칫국부터 마신다

뜻 될지 안 될지도 모르는 일을 미리 기대하고 (서두른다/포기한다).

3 다음 글을 읽고 어울리는 속담을 쓰세요.

> 시험이 끝난 뒤 선생님이 "어땠니?" 하고 묻자 건우가 웃으며 말했어요. "준비한 게 그대로 나와서 쉽게 썼어요." 친구들도 "맞아, 정말 쉬웠어!"라며 고개를 끄덕였지요.

답 누워서 _____

신체 부위와 관련된 관용어

관용어는 '습관적으로 쓰이는 말'이에요. 그대로 해석하면 이상하지만, 함께 쓰이면 다른 뜻을 만들지요. 관용어를 알면 글을 더 잘 이해하고 자기 생각도 풍부하게 표현할 수 있어요.

(1) 손이 크다

물건을 넉넉하게 쓰거나 음식을 많이 내어 주는 등 씀씀이가 후한 사람을 가리키는 표현이에요.

예 우리 할머니는 **손이 커서** 항상 과일을 상자째로 사 오세요.

(2) 간이 크다

실제로 간이 크다는 게 아니라 겁이 없고 대담하다는 뜻이에요. 그래서 위험한 상황에도 주저하지 않고 행동하는 사람을 두고 이렇게 말해요.

예 시유는 **간이 커서** 아무도 가지 않는 어두운 숲길을 앞장서 걸어갔어요.

(3) 입이 무겁다

말이 적고 비밀을 잘 지킨다는 뜻이에요. 그래서 중요한 이야기를 다른 사람에게 쉽게 퍼뜨리지 않는 사람을 가리킬 때 쓰는 표현이에요.

예 수지는 **입이 무거워서** 친구의 비밀을 절대 다른 사람에게 말하지 않았어요.

(4) 목이 빠지다

어떤 일을 몹시 기다리는 마음을 비유한 말이에요. 보고 싶은 사람이나 즐거운 일을 간절히 기다릴 때 흔히 쓰여요.

예 아이들은 방학이 오기만을 **목이 빠지게** 기다렸어요.

(5) 귀가 얇다

다른 사람의 말에 쉽게 흔들리고 영향을 받는다는 의미예요. 자기 생각보다 남의 의견을 그대로 따르는 사람을 두고 이렇게 표현해요.

예 효정이는 **귀가 얇아** 광고를 보면 필요하지 않은 물건도 사곤 해요.

4단원

한자 성어로 배우는
도전과 성취의 힘

《해리포터》의 작가는 누구일까?

　《해리포터》 시리즈의 작가 J.K. 롤링은 처음부터 성공한 작가가 아니었어요. 그녀의 삶은 쉽지 않았어요. 어머니가 병으로 세상을 떠났고, 결혼 생활도 **불행**했어요. 결국 어린 딸과 단둘이 살게 되었고, 가진 돈도 거의 없었어요. 하지만 딸을 돌보면서도 카페에서 해리포터 이야기를 틈틈이 써 내려갔어요.

　드디어 원고를 완성한 롤링은 여러 출판사에 보냈어요. 하지만 놀랍게도 열두 번이나 거절당했어요. 많은 출판사가 '아이들이 마법 이야기를 좋아하지 않을 것'이라며 거절했어요.

　하지만 그녀는 포기하지 않았어요. 열세 번째 도전에서 한 작은 출판사가 그녀의 원고를 받아주었어요. 그리고 1997년에 《해리포터와 마법사의 돌》이 세상에 나오게 되었어요.

　책이 **출간**되자, 사람들은 해리포터 이야기에 빠져들었어요. 작은 출판사에서 출간된 책이었지만 점점 인기가 높아졌고, 결국 전 세계에 5억 부 이상이 팔리는 베스트셀러가 되었어요.《해리포터》 시리즈는 7권까지 이어졌고, 영화로도 만들어졌어요.

　J.K. 롤링은 수많은 어려움을 겪었지만, 절대 꿈을 포기하지 않았어요. 일곱 번 넘어져도 여덟 번째 일어나는 **칠전팔기** 정신으로 끝까지 도전하며 꿈을 이루었답니다.

> **단어 풀이**
> **불행**(아니 불不 행복 행幸): 행복하지 않음. 나쁜 일이 생겨 괴롭고 슬픔.
> **출간**(나갈 출出 새길 간刊): 책이나 그림 등을 인쇄하여 세상에 내놓음.

1 이 글의 내용으로 맞으면 ○표, 틀리면 X표 하세요.

> J.K 롤링은 아버지와 단둘이 살면서
> 틈틈이 해리포터 이야기를 썼다.

> 《해리포터》 시리즈는 영화로도 만들어졌다.

2 다음 중 J.K. 롤링이 겪은 어려움을 찾아 ○표 하세요.

교통사고를 당함

홀로 딸을 키우며 경제적으로 어려움

장애를 가지고 태어남

3 이 글을 읽고 흐름에 맞게 순서대로 기호를 써 보세요.

ㄱ. 여러 출판사에서 원고를 거절당함.

ㄴ. 출간한 책이 전 세계적으로 인기를 얻음.

ㄷ. 해리포터 이야기를 쓰기 시작함.

답: ☐ → ☐ → ☐

4 J.K. 롤링의 이야기가 '칠전팔기'와 관련 있는 이유는 무엇인가요?

① 도와주는 사람이 많았기 때문에

② 포기하지 않고 계속 도전했기 때문에

③ 글을 쓰는 능력이 매우 뛰어났기 때문에

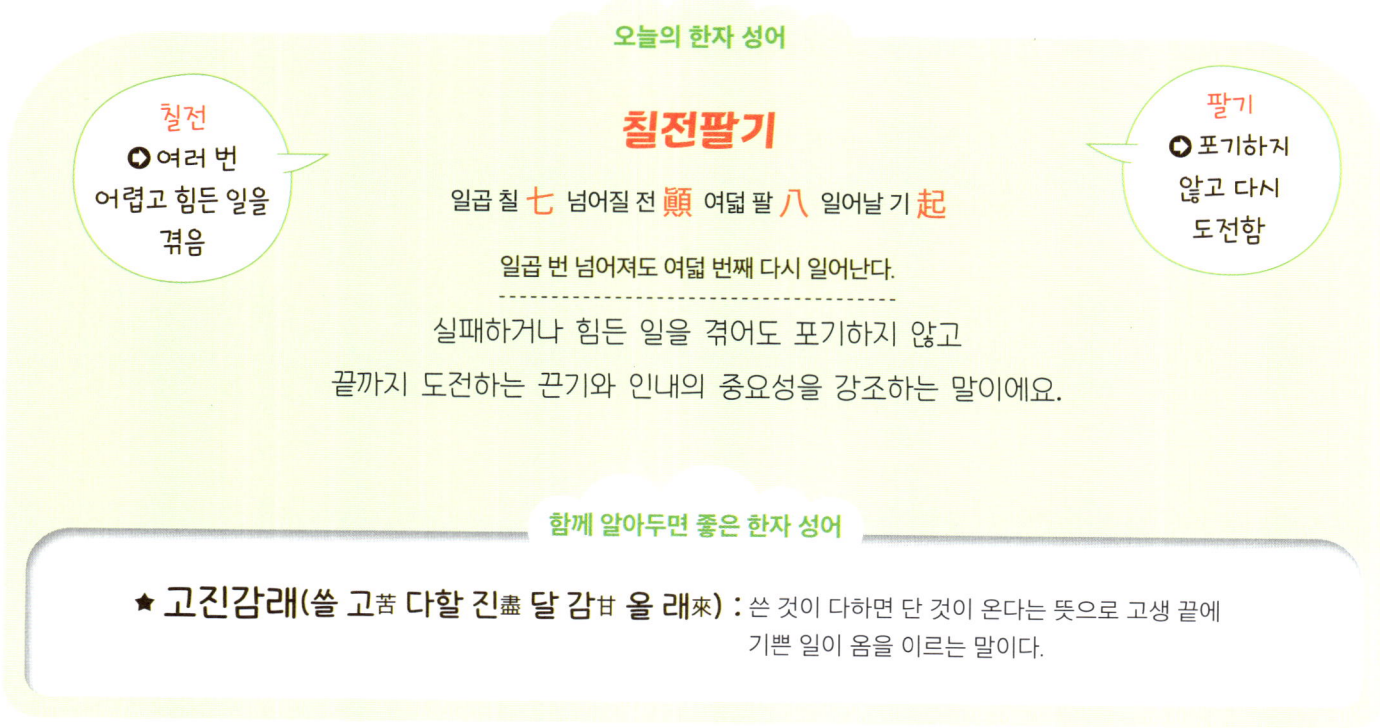

오늘의 한자 성어

칠전팔기

일곱 칠 七　넘어질 전 顚　여덟 팔 八　일어날 기 起

일곱 번 넘어져도 여덟 번째 다시 일어난다.

실패하거나 힘든 일을 겪어도 포기하지 않고
끝까지 도전하는 끈기와 인내의 중요성을 강조하는 말이에요.

칠전
➡ 여러 번
어렵고 힘든 일을
겪음

팔기
➡ 포기하지
않고 다시
도전함

함께 알아두면 좋은 한자 성어

★ **고진감래**(쓸 고苦 다할 진盡 달 감甘 올 래來) : 쓴 것이 다하면 단 것이 온다는 뜻으로 고생 끝에
기쁜 일이 옴을 이르는 말이다.

---

1 다음 글을 읽고 어울리는 한자 성어에 ○표 하세요.

> 학교 육상부인 주호는 계속 허들에서 넘어지자
> 운동을 그만두려 했다. 선생님께서 다가와 말
> 했다. "일곱 번 넘어져도 여덟 번째 일어나면
> 되는 거야! 포기하지 말고 연습을 더해 보자!"

칠월칠석

칠전팔기

---

2 다음 초성을 참고하여 빈칸에 들어갈 알맞은 한자 성어를 쓰세요.

> 어려운 시험을 준비하느라 수많은 밤을 새우며 힘들었지만, 결국 합격 소식을 들었을 때 나는
> 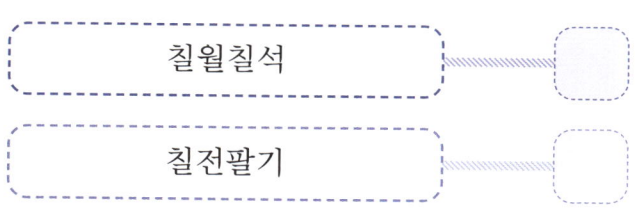 를 실감했다.

🔖 '칠전팔기' 정신으로 어려운 상황에서도 포기하지 않고 계속 도전하여 성공한 인물을 조사하세요.

> **예**   **인물:** 에이브러햄 링컨
> **인물의 업적:** 사업에 실패하고 여러 번 선거에서 패배했지만, 결국 미국 대통령에 당선되어 노예 해방과 민주주의
> 발전에 기여했다.

내 생각

인물 : _____

인물의 업적 : _____

_____

_____

_____

_____

배경지식 플러스

《해리포터》 시리즈의 경제적 가치

　J.K. 롤링의 《해리포터》 시리즈는 전 세계에 약 5억 부가 팔리며 78억 달러 이상의 판매 수익을 올렸어요. 80개의 언어로 번역되었고, 8편의 영화는 총 77억 달러의 수익을 기록했어요. 런던에 있는 워너브러더스 스튜디오 투어도 누적 방문객 1,500만 명 이상을 기록하며 꾸준한 인기를 얻고 있어요. 해리포터는 단순한 소설을 넘어 세계적으로 지속적인 경제적 가치를 창출하는 강력한 문화 콘텐츠예요.

말하는 대로 이루어진다고?

　우리는 종종 '십중팔구 이렇게 될 거야!'라는 말을 해요. 이 말은 열 가운데 여덟이나 아홉 정도로 거의 틀림없다는 뜻이에요. 우리의 생각과 행동을 결정하는 중요한 말이지요.

　긍정적인 말을 하면, 스스로 그 말을 믿고 더 좋은 결과를 만들기 위해 노력하게 돼요.

　"**십중팔구** 난 해낼 거야!" 하고 말하면 자신감이 생기고, 실제로 더 좋은 결과로 이어질 가능성이 커져요.

　반대로 "나는 실패할 거야."라고 말하면 **불안감**이 커지고 마음이 **소심**해져서 원하는 결과를 얻기 어려워져요. 말하는 대로 되는 것이지요.

　예를 들어, 반 친구들 앞에서 발표를 하기 전에 '십중팔구 나는 실수할 거야.' 라고 생각하면 긴장해서 목소리가 떨릴 수도 있어요. 하지만 "난 차분하게 잘할 수 있어!"라고 말하면 자신감이 생겨서 더 또박또박 발표할 수 있어요.

　또한 피아노 연주회를 앞두고, '나는 잘 못할 거야.'라고 생각하면 손이 떨려서 진짜로 실수할 가능성이 커요. 하지만 '십중팔구 난 연습한 만큼 잘할 거야!'라고 다짐하면 마음이 차분해지고 연주에 더 집중할 수 있어요.

난
할 수 있어!

　결국 긍정적인 말이 긍정적인 결과를 가져와요. 스스로 응원하는 좋은 말 습관을 길러 보세요.

 단어 풀이
불안감(아니 불不 편안할 안安 느낄 감感): 마음이 편하지 않다고 느낌.
소심(작을 소小 마음 심心): 지나치게 조심하고 걱정이 많음.

1 이 글의 내용과 맞으면 ○표, 틀리면 ×표 하세요.

'십중팔구'라는 말은 우리의 생각과 행동을
결정하는 중요한 말이다.

'십중팔구 나는 실수할 거야.'라고 생각하면,
발표를 잘할 가능성이 높아진다.

2 '십중팔구'를 다른 말로 바꾸었을 때 가장 적절한 것에 ○표 하세요.

운이
좋게

아슬
아슬하게

거의
틀림없이

3 다음 문장에 어울리는 알맞은 말에 ○표 하세요.

긍정적인 말을 하면, 스스로 그 말을 믿고 더 좋은
결과를 만들기 위해 (노력/포기)하게 된다.

"실패할 거야."라고 말하면, (자신감/불안감)이 커져
원하는 결과를 얻기 어렵다.

4 이 글의 중심 내용으로 알맞은 것은 무엇인가요?

① 사람은 누구나 실패할 수 있다.

② '십중팔구'라는 말은 과학적 근거가 없다.

③ 긍정적인 말을 하면 긍정적인 결과를 가져온다.

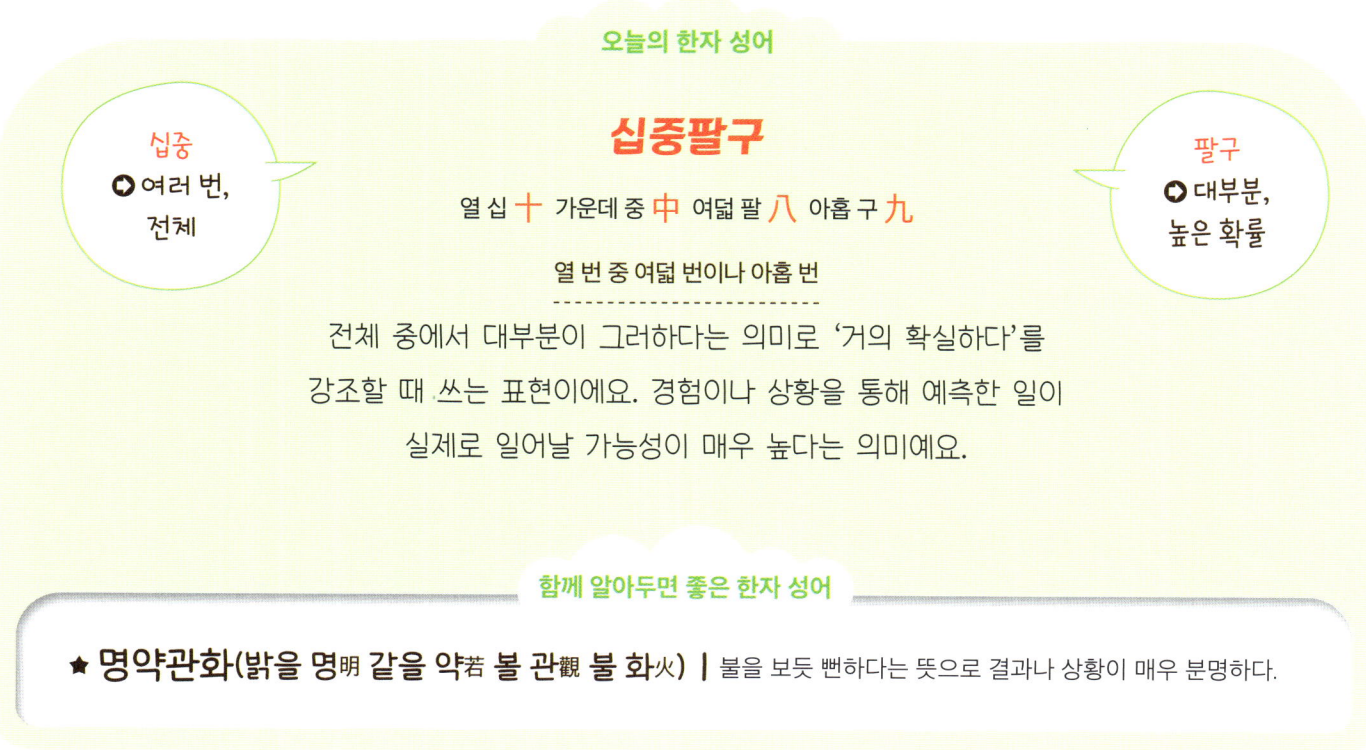

오늘의 한자 성어

십중팔구

열 십 十 가운데 중 中 여덟 팔 八 아홉 구 九

열 번 중 여덟 번이나 아홉 번

전체 중에서 대부분이 그러하다는 의미로 '거의 확실하다'를
강조할 때 쓰는 표현이에요. 경험이나 상황을 통해 예측한 일이
실제로 일어날 가능성이 매우 높다는 의미예요.

십중
➡ 여러 번,
전체

팔구
➡ 대부분,
높은 확률

함께 알아두면 좋은 한자 성어

★ **명약관화**(밝을 명明 같을 약若 볼 관觀 불 화火) | 불을 보듯 뻔하다는 뜻으로 결과나 상황이 매우 분명하다.

1 다음 빈칸에 들어갈 알맞은 한자 성어에 ○표 하세요.

아영아, 아침부터 구름이 잔뜩 끼고 습한 걸
보니 _____ 오후에는 비가 올
거야. 우산을 챙겨 가는 게 좋겠어.

십중팔구

고진감래

2 다음 초성을 참고하여 빈칸에 들어갈 알맞은 한자 성어를 쓰세요.

그렇게 운동을 안 하고 매일 야식을 먹으니, 건강이 나빠지는 것은 ㅁ ㅇ ㄱ ㅎ 구나!
지금부터라도 엄마랑 매일 줄넘기를 하자.

🖊 내가 예상했던 일이 실제로 일어난 경험이 있다면 써 보세요.

> **예** 엘리베이터 안에서 치킨 냄새가 나길래 "혹시 우리 집일까?" 하고 생각했는데, 정말 우리 집에서 치킨을 시켰다! 알고 보니 그날이 아빠와 엄마의 결혼기념일이었다.

내 생각

배경지식 플러스

믿으면 진짜가 되는 플라시보 효과

플라시보 효과는 '믿으면 정말 그렇게 되는 것'을 말해요.

예를 들어, '이 사탕을 먹으면 감기가 빨리 나을 거야!'라고 생각하면, 정말 몸이 좋아지는 느낌이 들 수도 있어요. 사실 사탕에는 감기를 낫게 하는 특별한 약이 없지만, 우리 뇌가 그렇게 믿으면 몸이 스스로 나아지려고 노력하는 거예요.

플라시보 효과는 '긍정적인 생각이 우리 몸에도 영향을 줄 수 있다'라는 신기한 심리학 원리예요.

한국의 양궁 실력은 세계 1등!

올림픽이 열릴 때마다 전 세계가 주목하는 종목이 있어요. 바로 우리나라 '양궁'이에요. 선수들이 정확히 10점을 맞히는 순간, 관중석에서는 감탄이 터져 나와요.

한국 양궁은 철저한 훈련과 **공정**한 선발 과정을 통해 세계 최정상의 자리를 지켜왔어요. 선수들은 하루에 수백 발씩 화살을 쏘면서 자세와 집중력을 다듬어요. 정신력을 강하게 하는 훈련도 함께 진행해 어떤 상황에서도 흔들리지 않도록 준비해요.

대표 선발 과정도 특별해요. 몇 달간 이어지는 평가전에서 오직 실력으로만 태극마크를 달 수 있어요. 과거의 기록이나 명성보다 현재의 기량이 더 중요해요. 이처럼 공정한 경쟁이 실력 있는 선수를 만들어 내요.

이러한 노력 끝에 한국 양궁은 거의 실수 없는 경기를 보여 주고 있어요. 그래서 사람들은 한국 양궁을 두고 이렇게 말해요.

"**백발백중**의 실력이다."

한국 양궁의 뛰어난 실력은 꾸준한 훈련과 **정직**한 선발 과정이 만든 결과예요.

 단어 풀이

공정(공평할 공公 바를 정正): 한쪽으로 치우치지 않고 공평하고 올바름.

정직(바를 정正 곧을 직直): 마음이 바르고 거짓이 없음.

1 빈칸에 들어갈 알맞은 말을 쓰세요.

> 한국 [　][　]은 철저한 훈련과 공정한 선발 과정을 통해
> 세계 최정상의 자리를 지켜왔다.

2 이 글의 내용과 맞으면 ○표, 틀리면 ×표 하세요.

> 한국 양궁 선수들은 비용을 아끼기 위해
> 최소한의 화살만 쏘며 훈련한다.

> 한국 양궁의 대표 선발은 과거의 기록보다
> 현재 실력을 중요하게 여긴다.

3 다음 중 '공정한 선발 과정'에서 '공정한'의 의미로 가장 적절한 것에 ○표 하세요.

기회를
고르게 주는

자유롭게
진행하는

규칙이
아주 엄격한

4 이 글의 중심 내용으로 알맞은 것은 무엇인가요?

① 한국 양궁은 과거에 비해 발전하지 못하고 있다.

② 한국 양궁은 오랫동안 같은 선수가 대표로 활동하고 있다.

③ 한국 양궁 실력은 꾸준한 훈련과 공정한 선발에서 비롯된다.

오늘의 한자 성어

백발백중

일백 백 百 쏠 발 發 일백 백 百 가운데 중 中

백 번 쏘면 백 번 모두 맞춘다.

- -

활을 백 번 쏘듯이, 어떤 목표를 이루기 위해
계속 도전하는 것을 의미해요. 백중은 '모두 과녁에 맞힌다'라는 뜻으로
노력 끝에 항상 좋은 결과를 얻는다는 의미예요.

백발
❍ 끝임없는
시도, 노력

백중
❍ 매번 성공,
좋은 결과

함께 알아두면 좋은 한자 성어

★ **백전백승**(일백 백百 싸움 전戰 일백 백百 이길 승勝) | 백 번 싸워 백 번 이긴다. 무슨 일을 해도 실패 없이
늘 성공한다.

---

1 다음 글을 읽고 어울리는 한자 성어에 ○표 하세요.

> **지원:** 이번에도 수현이가 과학 발명 대회 1등을 했대!
> **현우:** 매번 아이디어도 좋고, 설명도 너무 잘하잖아.
> **지원:** 과학 대회만 나가면 상을 다 휩쓴다니까!

백전백승

칠전팔기

2 다음 초성을 참고하여 빈칸에 들어갈 알맞은 한자 성어를 쓰세요.

> 신중하게 계획을 세운 덕분에 그녀의 사업 아이디어는 ㅂ ㅂ ㅂ ㅈ 성공을 거두고 있다.

🔖 양궁 선수들은 숨을 고르고 조용히 집중한 뒤 과녁을 향해 활을 쏘아요. 여러분도 집중해서 어떤 일을 해낸 적이 있나요?

> 예 처음에는 바느질이 어려워서 실이 빠지거나 제대로 꿰맬 수 없었다. 하지만 포기하지 않고 끝까지 집중하니 내 손으로 완성한 귀여운 인형이 생겼다.

내 생각

배경지식 플러스

오랜 역사가 있는 스포츠, 양궁

　활쏘기는 인류 역사에서 아주 오래된 활동이에요. 기원전 3천 년쯤, 고대 이집트와 페르시아에서 활쏘기가 처음 기록으로 남아 있어요. 처음에는 사냥과 전쟁에 쓰였지만, 점차 기술을 겨루는 경기로 발전했지요.

　지금은 한국, 미국, 프랑스, 이탈리아, 대만 같은 나라에서 양궁을 많이 즐겨요. 올림픽에서는 1900년 프랑스 파리 대회에 처음 등장했어요. 1972년부터 정식 종목이 되었고, 한국은 이후 세계 최강으로 자리 잡았어요.

1+1 상품에 숨은 전략은?

"우와, 이거 봐! 딸기 우유가 1+1이래!"

편의점에서 우유를 고르던 준호가 신나게 말했어요. 민지가 다가와 우유를 보더니 말했어요.

"진짜네? 이거 완전 **일석이조**잖아!"

하나만 샀는데 두 개를 가지게 되었으니 신날 수밖에 없었지요. 그런데 준호는 궁금했어요.

"근데 왜 하나만 싸게 파는 게 아니라, 이렇게 하나 더 주는 걸까?"

편의점에서 흔한 '1+1'이나 '2+1' 행사는 단순히 덤을 주는 게 아니라 똑똑한 마케팅 전략이에요.

첫째, 사람들에게 더 많이 사게 만드는 방법이에요. 원래 하나만 살 사람도 '하나 더'라는 말에 기분이 좋아져 쉽게 더 사게 되지요.

둘째, 새로운 상품을 알릴 때 효과적이에요. '1+1'으로 팔면 사람들이 한 번쯤 먹어 보거나 사용해 보고 입소문이 나면 **정가**에도 사게 돼요.

셋째, **재고**를 빨리 정리하는 데도 좋아요. 유통기한이 얼마 안 남은 제품이 있다면, 하나 더 얹어 주어 재고를 줄이고 보관 비용도 아낄 수 있지요.

하나 가격에 두 개를 샀어!

'1+1'은 손해가 아니라 판매를 늘리고 관심을 끄는 전략이에요. 그러니 소비자도 정말 필요한 물건인지 생각해 보고 사는 습관이 필요해요.

단어 풀이

정가(정할 定 값 價): 미리 정해 놓은 가격

재고(있을 在 곳집 庫): 아직 팔리지 않아 창고나 가게에 남아 있는 물건

1 이 글의 내용과 맞으면 ○표, 틀리면 ×표 하세요.

1+1 상품은 소비자만 이익을 보는 행사다.

행사 상품은 주로 소비기한이 지난 상품을 판매한다.

2 다음 중 '1+1'과 같은 행사를 하는 이유가 <u>아닌</u> 것을 찾아 ○표 하세요.

물건을 제대로
만들지 않아서

물건을 많이
팔기 위해서

재고를 빨리
정리하기 위해서

3 이 글을 읽고 흐름에 맞게 순서대로 기호를 써 보세요.

ㄱ. 사람들이 새로운 상품을 한 번쯤 먹어본다.

ㄴ. 입소문이 나고, 나중에는 정가를 주고도 산다.

ㄷ. 상품을 1+1으로 판다.

답: ☐ → ☐ → ☐

4 이 글에서 민지가 '일석이조'라고 말한 이유는 무엇인가요?

① 평소보다 가격이 비싸서

② 준호가 좋아하는 우유였기 때문에

③ 하나만 사도 두 개를 얻을 수 있어서

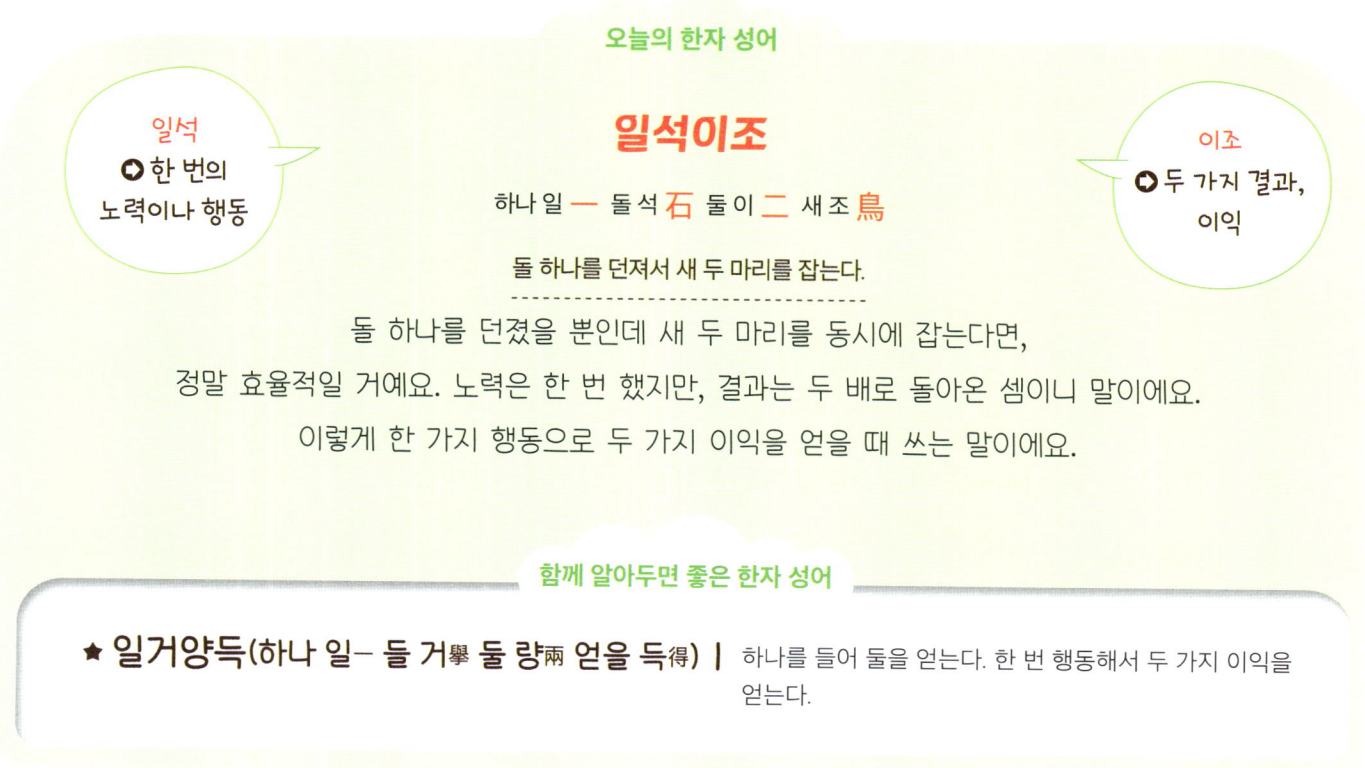

오늘의 한자 성어

일석이조

하나 일 一 돌 석 石 둘 이 二 새 조 鳥

돌 하나를 던져서 새 두 마리를 잡는다.

일석
❍ 한 번의
노력이나 행동

이조
❍ 두 가지 결과,
이익

돌 하나를 던졌을 뿐인데 새 두 마리를 동시에 잡는다면,

정말 효율적일 거예요. 노력은 한 번 했지만, 결과는 두 배로 돌아온 셈이니 말이에요.

이렇게 한 가지 행동으로 두 가지 이익을 얻을 때 쓰는 말이에요.

함께 알아두면 좋은 한자 성어

★ **일거양득**(하나 일– 들 거擧 둘 량兩 얻을 득得) | 하나를 들어 둘을 얻는다. 한 번 행동해서 두 가지 이익을
얻는다.

1 다음 빈칸에 들어갈 알맞은 한자 성어에 〇표 하세요.

준희: 나 이번 주말에 가족이랑 캠핑 갔다가
자연 생태 체험도 했어!
수지: 와, 놀면서 공부도 했네? 그거 진짜
_____ 이다!

백발백중

일거양득

2 다음 초성을 참고하여 빈칸에 들어갈 알맞은 한자 성어를 쓰세요.

자전거를 타고 학교에 가면 운동도 되고 시간도 절약되니 ㅇ ㅅ ㅇ ㅈ 다!

✎ 나에게 있었던 '일석이조'의 경험을 써 보세요.

> 예　요즘 내 방이 너무 지저분해서 정리를 좀 해야겠다고 마음먹었다. 청소기를 돌리기 시작했는데, 하는 김에 거실과
> 안방까지 함께 청소했다. 그런데 이것을 본 부모님께서 '기특하다'며 용돈을 주셨다! 내 방도 깨끗해지고, 뜻밖의
> 용돈까지 받았으니 정말 일석이조였다!

내 생각

배경지식 플러스

세계 최초의 편의점, 세븐일레븐

세계 최초의 편의점은 1927년 미국에서 시작된 '세븐일레븐'이에요. 얼음을 배달하던 회사가 생활
용품과 식료품을 함께 팔면서 지금의 편의점 형태로 발전했어요.

처음에는 아침 7시부터 밤 11시까지 영업하다가 이후 24시간 운영으로
확대되었어요. 일본 기업이 인수한 뒤 세계 곳곳으로 퍼져 현재는 세계 최대
편의점 브랜드가 되었어요. 우리나라에는 1989년 서울 올림픽 이후 본격적인
도시화와 함께 도입되어, 지금은 전국에 약 5만 개가 넘는 편의점이 운영되고 있어요.

세계를 사로잡은 한류!

　최근 전 세계가 한국을 주목하며, 한국 문화가 인기를 끌고 있어요. '한류(韓流)'는 '한국(韓)의 흐름(流)'이라는 뜻으로, 우리나라의 노래·드라마·음식·패션 등이 해외에 널리 알려지며 생긴 말이에요.

　한류는 1990년대 〈겨울연가〉, 〈대장금〉 같은 드라마가 중국과 동남아시아에서 큰 인기를 끌며 시작되었어요. 이후 BTS·블랙핑크·세븐틴 같은 K-POP 그룹이 등장해 멋진 무대와 유창한 외국어 실력으로 세계 팬들과 **소통**했어요. SNS와 유튜브 덕분에 한국 음악과 영상은 더욱 빠르게 퍼졌지요.

우와,
한국 가수 최고!

　요즘에는 노래, 춤, 연기, 예능까지 잘하는 **다재다능**한 스타들이 많아지면서 한류가 한복, 한식, 한국어, 웹툰, 게임 등 다양한 분야로 **확장**됐어요. 한국어를 배우거나 김치, 불고기 등 한식을 맛보려는 세계인이 늘고, 어떤 나라는 한국어 수업과 K-POP 댄스 수업을 하기도 해요.

　한류는 이제 단순한 유행을 넘어, 세계가 한국을 이해하고 좋아하게 만드는 힘이 되었답니다.

단어 풀이
소통(소통할 소疏 통할 통通): 뜻이 서로 통하여 오해가 없음.
확장(넓힐 확擴 베풀 장張): 넓히거나 크게 만듦.

1 이 글의 내용과 맞으면 ○표, 틀리면 ×표 하세요.

> 한류는 처음에 드라마를 통해 인기를 얻기 시작했다. ⋯⋯⋯⋯ ☐

> 지금은 한류의 인기가 예전보다 줄어들고 있다. ⋯⋯⋯⋯ ☐

2 한류의 범위에 포함되지 않은 것은 무엇인가요?

웹툰 ⋯⋯⋯⋯ 우주 과학 ⋯⋯⋯⋯ 한식

3 이 글을 읽고 한류가 퍼져 나간 순서대로 기호를 써 보세요.

ㄱ. K-POP

ㄴ. 한복

ㄷ. 드라마

답: ☐ → ☐ → ☐

4 이 글의 중심 내용은 무엇인가요?

① 한국 음식은 맵고 짠 편이다.

② 한국 사람들은 노래를 잘 부른다.

③ 한국 문화가 세계적으로 큰 인기를 얻고 있다.

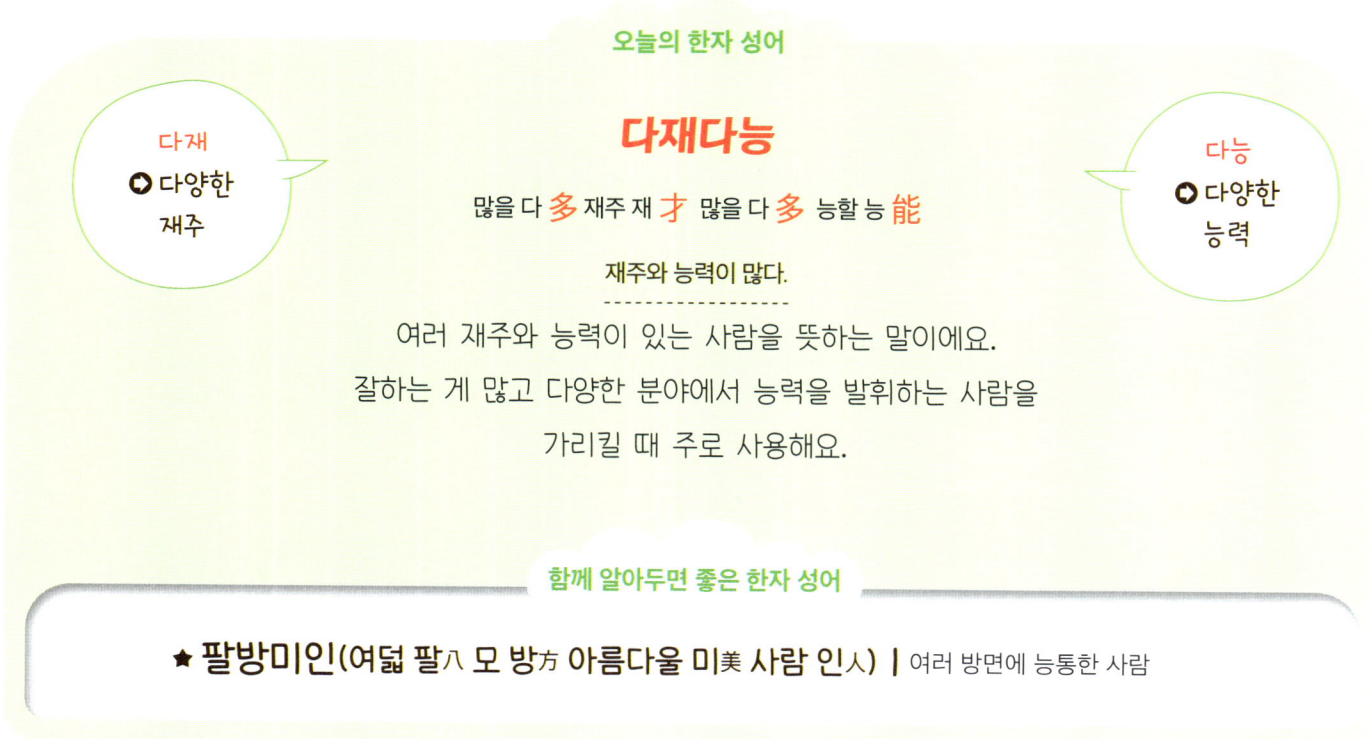

오늘의 한자 성어

다재다능

다재
➡ 다양한 재주

다능
➡ 다양한 능력

많을 다 **多** 재주 재 **才** 많을 다 **多** 능할 능 **能**

재주와 능력이 많다.

여러 재주와 능력이 있는 사람을 뜻하는 말이에요.
잘하는 게 많고 다양한 분야에서 능력을 발휘하는 사람을
가리킬 때 주로 사용해요.

함께 알아두면 좋은 한자 성어

★ **팔방미인(여덟 팔八 모 방方 아름다울 미美 사람 인人)** | 여러 방면에 능통한 사람

1 다음 빈칸에 들어갈 알맞은 한자 성어에 ○표 하세요.

> 민수: 와, 은채는 진짜 뭐든지 잘하는 것 같아!
> 지현: 맞아! 그림도 잘 그리고, 발표도 잘하고,
>   체육 시간에 달리기도 1등이잖아!
> 정말 _____ 이야!

팔방미인

십중팔구

2 다음 초성을 참고하여 빈칸에 들어갈 알맞은 한자 성어를 쓰세요.

> 과학 탐구대회 학교 대표로 선발된 정훈이는 단순히 성적만 좋은 것이 아니라, 과학 지식도 풍부해
> 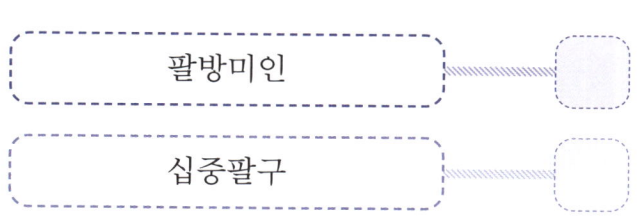 한 면모를 갖추고 있다.

🍙 나의 '다재다능'함을 마음껏 자랑해 보세요. 사소한 것이라도 좋으니 남보다 잘하는 것을 써 보세요.

> **예** 나는 냄새를 정말 잘 맡는 편이다. 특히 음식 냄새는 멀리서 나도 무슨 음식인지 바로 알 수 있다. 집에서 엄마가 요리하면, 방에 있어도 '된장찌개다!' 하고 맞힌다. 친구들과 함께 있을 때도 내가 먼저 냄새를 맡고 알려 주면 다들 신기해한다.

내 생각

배경지식 플러스

미국에서 불티나게 팔리는 우리나라 김밥!

　최근 미국에서는 우리나라 냉동 김밥이 폭발적인 인기를 끌고 있어요. 2024년 미국으로 수출된 냉동 김밥은 약 15억 9천만 달러(한화 약 2조 원)에 달할 정도예요.

　특히 대형마트에서는 출시 직후 모든 매장에서 품절 될 정도였다고 해요. 또한 김밥은 김, 채소, 밥 등으로 구성된 건강식으로 알려지며, 외국 소비자들 사이에서 건강한 한 끼로 평가받아요. 한국의 K-푸드 또한 드라마나 K-POP처럼 외국인들 사이에서 뜨거운 반응을 얻고 있어요!

1 <보기>에서 알맞은 한자 성어를 찾아 문장을 완성하세요.

> 보기 일거양득   고진감래   십중팔구

(1) 긴 훈련 끝에 드디어 대회에서 우승하니   라는 말이 떠올랐다.

(2) 책을 읽으면 지식도 쌓이고 생각도 깊어지니   이다.

(3) 하늘이 저렇게 어두우니   비가 올 것이다.

2 다음 한자 성어와 뜻을 알맞게 연결하세요.

(1) 팔방미인   •   • 한 가지 행동으로
두 가지 이익을 얻는다.

(2) 일석이조   •   • 항상 좋은 결과를 얻는다.

(3) 백발백중   •   • 여러 방면에 능통한 사람이다.

3 다음 글을 읽고 어울리는 한자 성어를 쓰세요.

> 학교 축제 준비에서 다윤이는 무대 꾸미기, 노래 연습, 포스터 제작까지 해냈어요.
> 선생님과 친구들은 "정말 못 하는 게 없네!" 하며 놀라워했지요.

답 ㄷ ㅈ ㄷ ㄴ

한자만 알아도 어휘가 술술

한 글자를 중심으로 여러 단어를 같이 배우면, 그 글자의 기본 뜻을 쉽게 알 수 있어요. 그러면 어휘를 따로 외우지 않아도 서로 연결해서 기억할 수 있고, 쉽게 잊어 버리지 않아요.

多다
▶ 많다

다수
(多數)
▶ 많은 수

과다
(過多)
▶ 지나치게 많음

다독
(多讀)
▶ 책을 많이 읽음

다도해
(多島海)
▶ 섬이 많은 바다

中중
▶가운데

중심
(中心)
▶ 한가운데

중앙
(中央)
▶ 한가운데

중단
(中斷)
▶ 중간에 멈춤

중립
(中立)
▶ 중간 입장에 섬

石석
▶돌

석기
(石器)
▶ 돌로 만든 도구

낙석
(落石)
▶ 떨어지는 돌

비석
(碑石)
▶ 글이 새겨진 돌

화석(化石)
▶ 생물이 오래되어
돌처럼 굳은 것

5단원

한자 성어로 배우는

더불어 함께하는 힘

혼자보다 함께여서 좋아!

　깊은 숲속 강가에는 커다란 입을 벌리고 누워 있는 악어가 살아요. 그런데 그 입속에 작은 새가 쏙 들어가도 악어는 가만히 있답니다. 이 새는 '악어새'예요. 악어새는 악어의 이빨 사이에 낀 고기 조각이나 벌레를 먹어 주기 때문에 악어의 입속이 깨끗해져요. 둘은 서로에게 도움이 되는 **상부상조** 사이예요.

　이렇게 서로에게 이익이 되는 관계를 '**공생**'이라고 해요. 동물 중에는 친구처럼 서로 도와주며 함께 살아가는 관계가 많아요.

　바닷속에는 '흰동가리'가 말미잘 옆에서 살아요. 말미잘은 독이 있는 촉수로 다른 물고기를 쫓아내지만, 흰동가리에게는 해를 끼치지 않아요. 흰동가리는 말미잘에게 먹이를 나누어 주기도 해요.

　아프리카 초원에서는 '코뿔소'와 '할미새'가 함께 다녀요. 할미새는 코뿔소 몸에 붙은 벌레를 먹고, 코뿔소는 간지럽지 않아 좋아해요. 이 밖에도 개미와 진딧물, 바다거북과 빨판상어처럼 서로에게 이익을 주는 동물들이 많답니다.

　동물들은 이런 공생 관계를 통해 생김새나 크기가 달라도 서로 **협력**하며 살아가요.

단어풀이
공생(함께 공共 살 생生): 서로 다른 생물이 영향을 주고받으며 함께 살아감.
협력(도울 협協 힘 력力): 힘을 합하여 서로 도움.

1 빈칸에 들어갈 알맞은 말을 쓰세요.

> 악어와 악어새처럼 서로에게 도움을 주며
> 이익이 되는 관계를 [ ][ ]이라고 한다.

2 이 글의 내용과 맞으면 ○표, 틀리면 ×표 하세요.

> 악어는 악어끼리만 서로 도움을 줄 수 있다.

> 개미와 진딧물은 함께 살아가며 서로에게 이익이 된다.

3 서로에게 도움이 되는 동물들의 짝을 알맞게 연결하세요.

흰동가리 •   • 빨판상어

코뿔소 •   • 할미새

바다거북 •   • 말미잘

4 이 글에 나타난 동물들의 관계를 표현한 예시로 가장 알맞은 것은 무엇인가요?

① 친구가 어려울 때 모른 척하는 것

② 간식을 혼자 먹고 친구는 주지 않는 것

③ 친구와 모르는 문제를 서로 가르쳐 주는 것

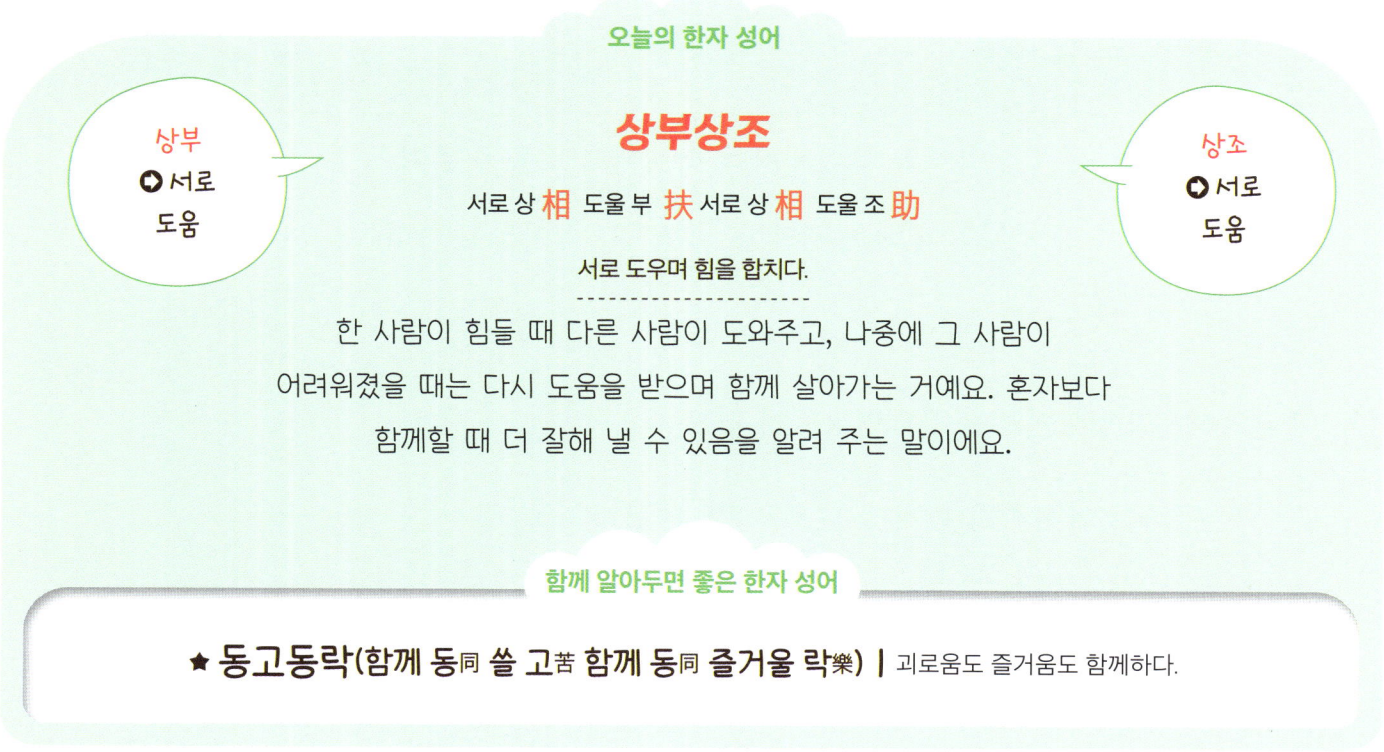

오늘의 한자 성어

상부상조

서로 상 相 도울 부 扶 서로 상 相 도울 조 助

서로 도우며 힘을 합치다.

- -

한 사람이 힘들 때 다른 사람이 도와주고, 나중에 그 사람이
어려워졌을 때는 다시 도움을 받으며 함께 살아가는 거예요. 혼자보다
함께할 때 더 잘해 낼 수 있음을 알려 주는 말이에요.

상부
➊ 서로
도움

상조
➊ 서로
도움

함께 알아두면 좋은 한자 성어

★ 동고동락(함께 동同 쓸 고苦 함께 동同 즐거울 락樂) | 괴로움도 즐거움도 함께하다.

1 다음 빈칸에 들어갈 알맞은 한자 성어에 ○표 하세요.

엄마: 오늘은 아빠가 피곤하시대. 오늘은 우리가
　　　음식물 쓰레기도 버리고 분리수거를 해볼까?
윤호: 네, 좋아요. 평소에는 아빠가 하시잖아요.
엄마: 맞아, 우리 가족은 힘들 때
　　　　　　　　　　　 해야 해.

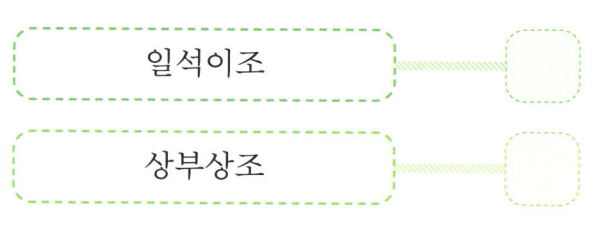

일석이조

상부상조

2 다음 초성을 참고하여 빈칸에 들어갈 알맞은 한자 성어를 쓰세요.

옆반 아이들과 우리는 힘든 운동회 준비도 함께하고, 우승의 기쁨도 함께 나누며
ㄷ ㄱ ㄷ ㄹ 했다.

🔺 동물들이 상부상조하는 것처럼, 친구들과 서로 도움을 주고받았던 적이 있나요? 기억나는 '상부상조'의 경험을 써 보세요.

> 예 교실 대청소 날, 나는 손이 작아서 창틀이나 문틈 같은 좁은 곳을 잘 청소했다. 창현이는 키가 커서 내가 닿지 않는 높은 곳을 깨끗하게 닦았다. 서로 도우며 청소를 하니 더 빠르고 즐겁게 마칠 수 있었다.

내 생각

배경지식 플러스
니모로 유명한 흰동가리의 비밀

흰동가리는 영화 〈니모를 찾아서〉에 나오는 주인공 니모로 잘 알려져 있어요. 몸에 흰 줄무늬가 있고, 산호초가 많은 바닷속에 살아요. 흰동가리는 몸집 크기는 작지만 특별한 특징이 있어요.

이 물고기는 처음에는 모두 수컷으로 태어나요. 그런데 무리 중 가장 큰 수컷은 시간이 지나면 암컷으로 바뀌어요. 암컷이 사라지면 다음으로 큰 수컷이 그 자리를 대신해요. 귀엽고 똑똑한 바다 생물인 흰동가리는 성별이 바뀌는 신기한 물고기랍니다.

피카소는 왜 사람 얼굴을 이상하게 그렸을까?

파블로 피카소(Pablo Picasso)는 1881년 스페인에서 태어난 세계적인 화가예요. 어릴 때부터 그림을 잘 그려 열 살 무렵에는 어른들보다 잘 그린다는 말을 들었지요. 그런데 나중에 그린 그림을 보면 얼굴이 삐뚤빼뚤하고 눈과 코가 이상한 자리에 있어요.

사람들이 "왜 그렇게 그려요?"라고 묻자, 피카소는 "사람을 사진처럼 그대로 그릴 거면, 굳이 그림을 그릴 필요가 없잖아요?"라고 했어요. 겉보기에는 **동문서답** 같지만, 그림은 눈에 보이는 모습보다 마음과 느낌을 표현한 것이라는 의미였어요.

그림은 내 느낌과 생각을 담는 거야!

그는 사물의 **정서**와 분위기를 색과 모양으로 표현하며, **외형**보다 보이지 않는 것을 더 중시했어요. 그의 대표적인 화풍인 입체파는 여러 방향에서 본 모습을 한 그림에 담는 방식이라 눈은 앞을, 코는 옆을 보는 것처럼 그려진 거예요.

프랑스에서 활동한 피카소는 1973년에 세상을 떠났지만, 그의 그림과 전해지는 말은 지금도 많은 사람에게 새로운 시각과 생각을 불러오게 한답니다.

단어 풀이

정서(뜻 정情 실마리 서緖): 사람이 느끼는 감정이나 기분
외형(바깥 외外 모양 형形): 겉으로 보이는 모습

1 빈칸에 들어갈 알맞은 인물 이름을 쓰세요.

파블로 [ ][ ][ ] 는 스페인에서 태어나
주로 프랑스에서 활동했으며, 입체파 화가로 유명해요.

2 이 글의 내용과 맞으면 ○표, 틀리면 ×표 하세요.

피카소는 어릴 때부터 그림을 잘 그렸다. [ ]

피카소는 사진과 똑같이 그리는 것으로 유명했다. [ ]

3 입체파 그림의 특징을 찾아 ○표 하세요.

다양하고 진한 색을
사용하는 그림

여러 방향에서
본 모습을 한 그림에
담은 그림

주로 사람보다
풍경을 그린 그림

4 다음 중 피카소가 생각한 '그림의 역할'에 가장 가까운 것은 무엇인가요?

① 사진처럼 똑같이 그리기

② 눈에 보이는 대로 그리기

③ 마음과 느낌을 표현하여 그리기

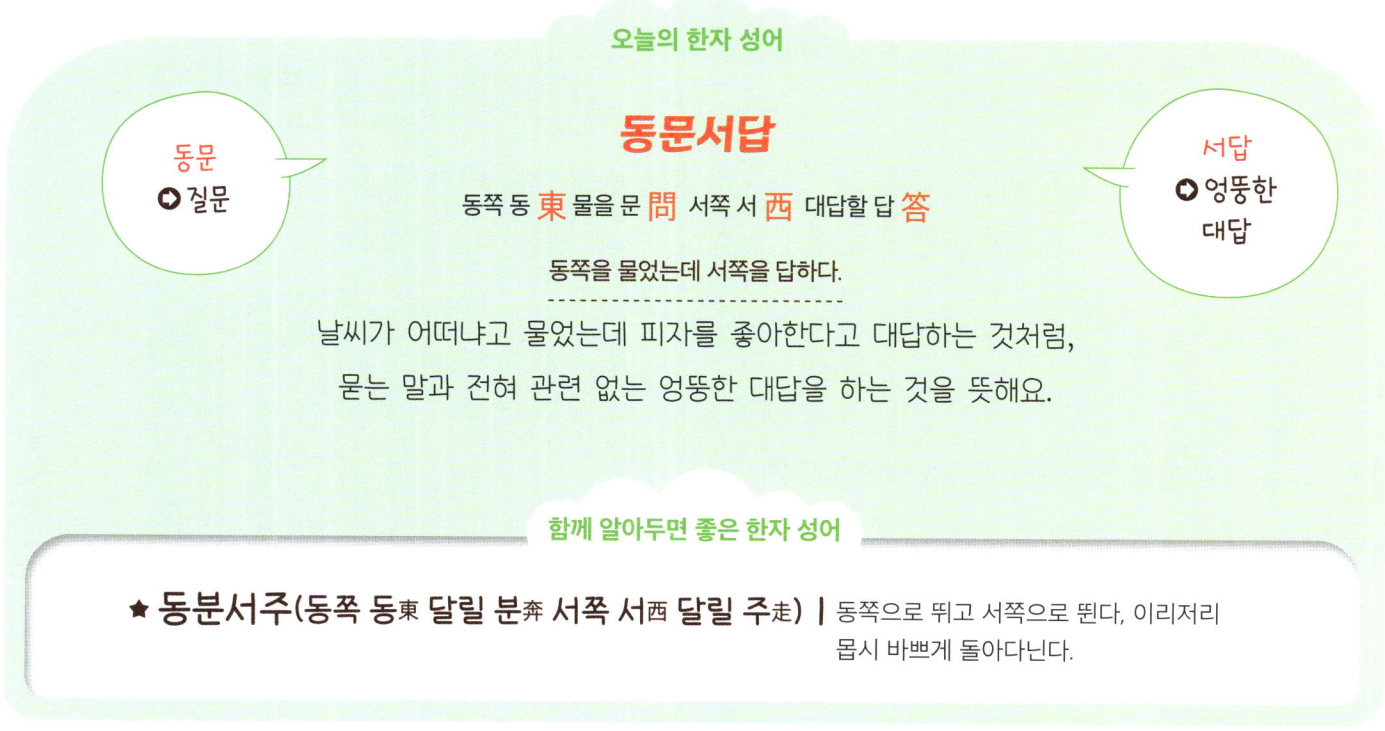

오늘의 한자 성어

동문서답

동쪽 동 東 물을 문 問 서쪽 서 西 대답할 답 答

동쪽을 물었는데 서쪽을 답하다.

동문 ➡ 질문

서답 ➡ 엉뚱한 대답

날씨가 어떠냐고 물었는데 피자를 좋아한다고 대답하는 것처럼,
묻는 말과 전혀 관련 없는 엉뚱한 대답을 하는 것을 뜻해요.

함께 알아두면 좋은 한자 성어

★ **동분서주**(동쪽 동東 달릴 분奔 서쪽 서西 달릴 주走) | 동쪽으로 뛰고 서쪽으로 뛴다, 이리저리 몹시 바쁘게 돌아다닌다.

1 다음 빈칸에 들어갈 알맞은 한자 성어에 ○표 하세요.

> 정훈: 휴우, 오늘 아침부터 너무 정신없었어.
>
> 현우: 왜? 무슨 일 있었어?
>
> 정훈: 과학 발표 자료 준비하랴, 미술 도구 챙기
>
> 랴, 또 체육복 안 가져와서 집에 다녀오랴.
>
> 완전 _____ 했지 뭐야.

동분서주 ⟞⟝

동문서답 ⟞⟝

2 다음 초성을 참고하여 빈칸에 들어갈 알맞은 한자 성어를 쓰세요.

> 회의 시간에 질문을 제대로 듣지 않은 민우는 엉뚱한 말을 이어가며 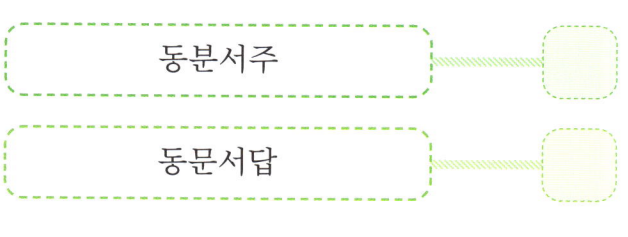 ㄷ ㅁ ㅅ ㄷ 하고 말았다.

🔺 누군가의 질문에 엉뚱한 대답을 한 적이 있나요? 기억나는 '동문서답'의 경험을 써 보세요.

> 예   학교 끝나고 집에 왔더니, 엄마가 "오늘 숙제 다 했어?"라고 물으셨다. 그런데 나는 질문을 제대로 듣지 못하고 "응, 친구랑 재밌게 놀았어!"라고 대답했다. 완전 동문서답이었다.

내 생각

배경지식 플러스

피카소의 작품 중 가장 유명한 그림은 뭘까?

많은 사람이 피카소의 대표작으로 〈게르니카〉를 꼽아요. 1937년 스페인 내전 때 작은 마을이 폭격당한 사건을 바탕으로 그린 그림이지요. 흑백으로 표현된 사람과 동물의 모습은 전쟁의 고통을 잘 보여 주었어요. 그래서 지금도 평화를 상징하는 가장 유명한 작품으로 알려져 있어요. 세계 여러 전시회에서 소개되며 사람들에게 깊은 울림을 주고 있답니다.

버려진 물건이 멋지게 변신하면?

낡은 청바지, 찢어진 가방, 더는 쓰지 않는 우산……. 보통 이런 물건들은 '이제 못 쓰니까 버려야지.'라고 생각하기 쉬워요. 하지만 요즘은 이런 것들을 멋진 새 물건으로 다시 만드는 방법이 있어요. 이것을 '업사이클링(upcycling)'이라고 해요.

업사이클링은 쓸모없어진 물건에 새로운 아이디어를 더해, 더 **가치** 있는 물건으로 만드는 것을 뜻해요. 그냥 재활용보다 한 단계 더 똑똑한 방법이지요. 마치 무용지물, 즉 '아무 쓸모가 없어진 물건'이 다시 보물로 변신하는 것처럼요.

이런 생각으로 사랑받는 브랜드도 있어요. '프라이탁(FREITAG)'은 스위스의 두 형제가 만든 브랜드예요. 두 사람은 도로를 달리는 트럭에서 떨어진 **방수천**을 보고 "이걸로 튼튼한 가방을 만들면 좋겠다!"라는 생각을 했어요. 버려진 방수천과 자전거 튜브, 자동차 안전벨트를 모아 하나뿐인 디자인의 가방을 만들었지요. 지금은 세계 여러 나라에서 프라이탁 가방이 멋진 패션 아이템으로 쓰이고 있어요.

업사이클링은 단순히 물건을 재사용하는 게 아니라, 새로운 가치를 만들어 내는 과정이에요. 혹시 집에서 안 쓰는 물건이 생기면, 그냥 버리기보다는 '멋지게 다시 태어나게 할 수 있을까?'를 한번 생각해 보면 어때요?

버려진 물건으로 새로운 것을 만들어 볼까?

 단어 풀이
가치(값 가價 값 치値): 값어치, 사물이 지니고 있는 쓸모
방수천(막을 방防 물 수水): 물이 스며들지 않도록 만든 천

1 빈칸에 들어갈 알맞은 말을 쓰세요.

> 쓸모없어진 물건에 새로운 아이디어를 더해,
> 더 가치 있는 물건으로 만드는 것을 ☐ ☐ ☐ ☐ ☐ 이라고 한다.

2 이 글의 내용과 맞으면 ○표, 틀리면 ×표 하세요.

프라이탁은 스위스의 두 형제가 만든 브랜드이다. ⟶ ☐

버려진 물건으로 제품을 만들면 실제 사용할 수 없다. ⟶ ☐

3 이 글에 나온 '프라이탁' 제품의 특징을 찾아 ○표 하세요.

한정 상품으로 가격이 비싸다.

여성만을 위한 제품을 만든다.

버려진 물건으로 제품을 만든다.

4 이 글의 중심 내용으로 알맞은 것은 무엇인가요?

① 최근 인기가 많아진 가방 브랜드를 소개했다.

② 쓸모없어진 물건에 가치를 더하는 업사이클링을 설명했다.

③ 환경 보호를 위해 분리수거를 더욱 철저히 해야 함을 강조했다.

오늘의 한자 성어

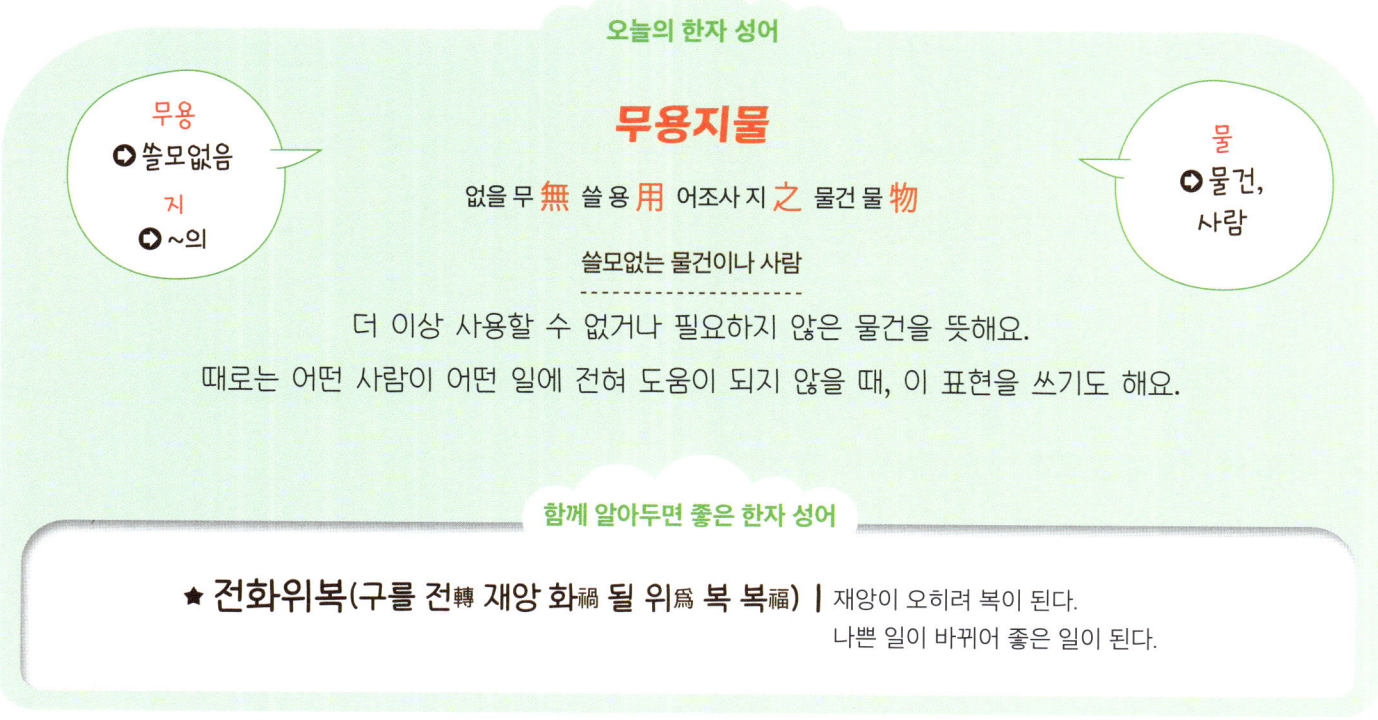

무용
● 쓸모없음
지
● ~의

물
● 물건,
사람

무용지물

없을 무 無 쓸 용 用 어조사 지 之 물건 물 物

쓸모없는 물건이나 사람

더 이상 사용할 수 없거나 필요하지 않은 물건을 뜻해요.

때로는 어떤 사람이 어떤 일에 전혀 도움이 되지 않을 때, 이 표현을 쓰기도 해요.

함께 알아두면 좋은 한자 성어

★ 전화위복(구를 전轉 재앙 화禍 될 위爲 복 복福) | 재앙이 오히려 복이 된다.
나쁜 일이 바뀌어 좋은 일이 된다.

1 다음 빈칸에 들어갈 알맞은 한자 성어에 ○표 하세요.

지후: 처음에는 수학 경시대회에 떨어져서
진짜 속상했거든.

유나: 그래도 그 이후 다시 기초부터 공부해서
이번 대회에서는 1등을 한 거잖아!

지후: 응, 지금 생각해 보면
_____ 이었지!

상부상조

전화위복

2 다음 초성을 참고하여 빈칸에 들어갈 알맞은 한자 성어를 쓰세요

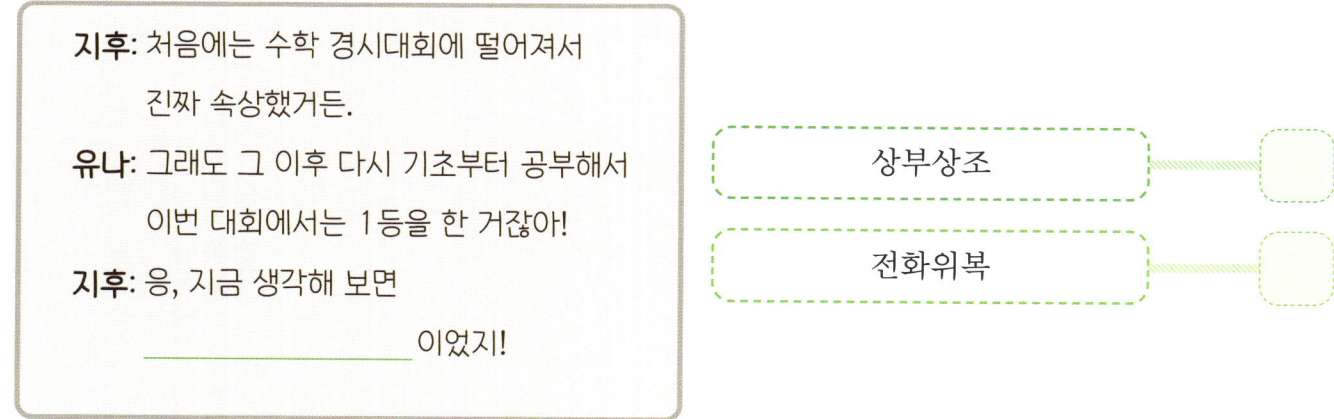

고장 난 자전거가 창고에 몇 달째 그대로 있다. 이젠 누가 봐도 완전히 ㅁ ㅇ ㅈ ㅁ 이 되었다.

✏ 자주 사용하던 물건 중에서, 지금은 고장 나거나 쓰지 않아 무용지물이 된 것이 있나요? 그 물건에
얽힌 이야기를 써 보세요.

> 예 　어릴 때 피아노 학원을 다니며 열심히 배웠다. 아침저녁으로 연주하며 보물 1호처럼 아끼던 피아노였는데, 지금은
> 바빠서 치지도 못하고 방 한쪽에 무용지물처럼 남아 있다. 괜히 피아노에게 미안한 마음이 든다.

내 생각

배경지식 플러스

매년 높아지는 '옷 쓰레기 산'

칠레 아타카마 사막에는 전 세계에서 버려진 옷이 모여 거대한 '옷 쓰레기 산'을 이루고 있어요.

이런 옷들은 대부분 패스트패션 브랜드에서 만들어진 것들이에요. 패스트패션은 유행은 빠르지만 금방 망가져 평균 일곱 번만 입고 버려집니다. 매년 1초다다 트럭 한 대 분량의 옷이 버려지고, 73%가 매립되거나 태워져 땅과 공기를 오염시켜요.

예쁘고 싼 옷을 자주 사는 습관이 결국 지구에 큰 부담을 남기고 있는 거예요.

야구에서 가장 재미있는 점수는 몇 대 몇?

야구에서 가장 재밌는 점수로 많은 팬들이 꼽는 숫자는 바로 8:7이에요. 점수 차가 작아 마지막까지 승부를 알 수 없고, 한 방에 경기가 뒤집히기도 하거든요. 투수와 타자, 공격과 수비가 팽팽하게 맞서는 긴장감이 이런 경기에서 펼쳐져요.

이처럼 두 팀의 실력이 비슷해 **우열**을 가리기 어려운 상황을 '막상막하'라고 해요. '위도 없고 아래도 없다'라는 뜻으로, 작은 실수 하나로도 흐름이 바뀌는 **박빙**의 승부를 표현하는 말이에요. 그래서 단순한 승패보다 경기 과정이 훨씬 흥미로워요.

1937년, 루즈벨트 대통령은 편지에서 '나는 투수전도 좋지만, 홈런이 터지는 경기가 더 짜릿하다.'라며 최고의 경기를 9:8이라고 말했어요. 이 일화에서 유래해 박빙의 경기를 '루즈벨트 게임'이라 불렀지만, 한국에서는 '케네디 스코어'로 잘못 알려지고 점수도 8:7로 바뀌었어요. 한국야구위원회 기록에 따르면 1982년부터 2015년까지 이런 경기는 161번이나 있었답니다.

마지막까지 승부를 알 수 없는 박빙의 경기, 그래서 야구팬들은 가장 흥미로워하는 점수랍니다.

승부는 끝까지 겨루어 봐야 아는 거지!

단어 풀이
우열(뛰어날 우優 못할 열劣): 서로 비교하여 나음과 못함.
박빙(엷을 박薄 얼음 빙氷): 얇게 살짝 언 얼음처럼 근소한 차이

1 빈칸에 들어갈 알맞은 숫자를 쓰세요.

많은 팬들이 야구에서 가장 재미있는 점수로 ☐ 대 ☐ 을 꼽는다.

2 이 글의 내용과 맞으면 ○표, 틀리면 ×표 하세요.

루즈벨트 대통령은 9:8 경기가 가장
흥미로운 야구 경기라고 말했다.

2015년까지 케네디 스코어로 끝난
프로야구 경기는 100번을 넘지 않았다.

3 '막상막하'와 가장 관련 있는 표현을 찾아 ○표 하세요.

실력이 비슷해
승부를 가리기
어렵다.

구분할 수 없을
정도로 서로 닮았다.

실력 차이가
점점 벌어진다.

4 야구팬들이 '케네디 스코어'를 가장 재미있는 경기로 꼽는 이유는 무엇인가요?

① 마지막까지 승부를 알 수 없기 때문에

② 투수들의 실력을 확인해 볼 수 있기 때문에

③ 유명한 선수들이 많이 나오는 경기이기 때문에

오늘의 한자 성어

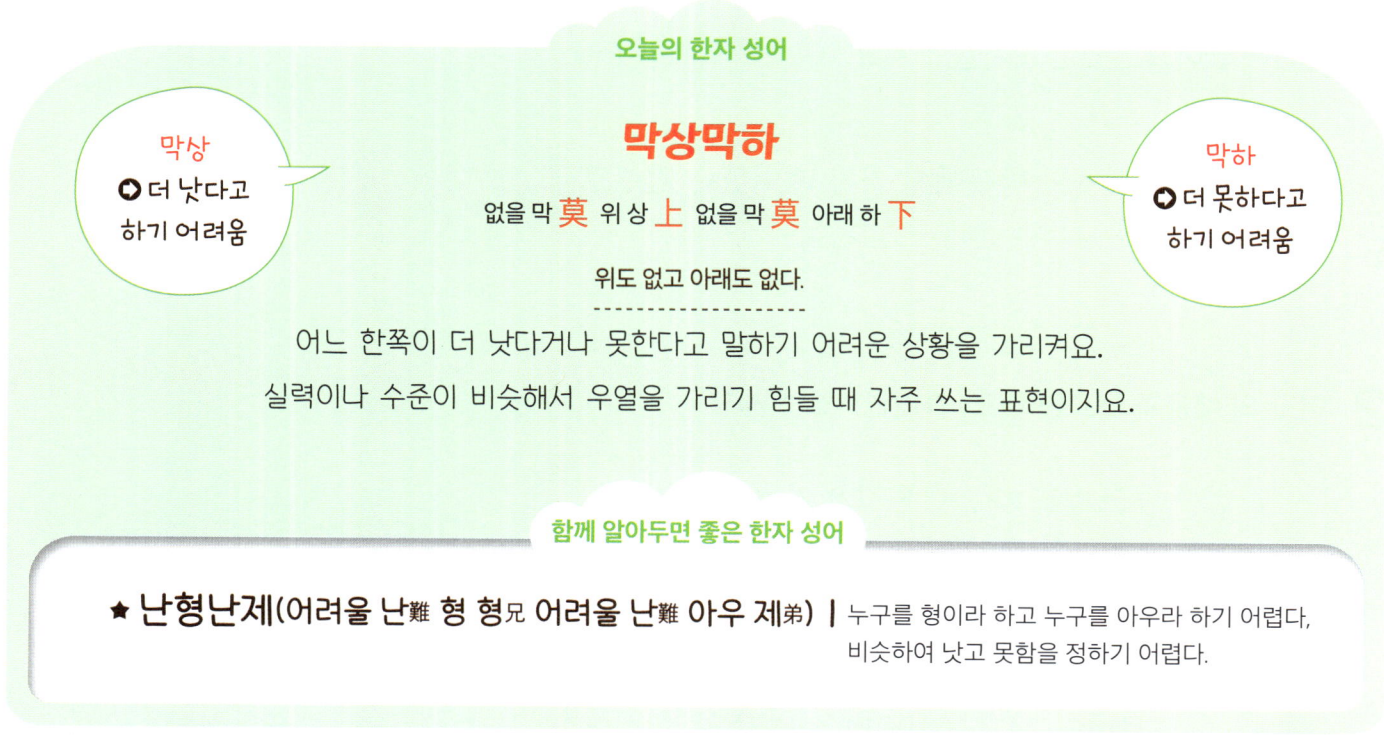

막상
❶ 더 낫다고 하기 어려움

막상막하

없을 막 莫 위 상 上 없을 막 莫 아래 하 下

위도 없고 아래도 없다.

어느 한쪽이 더 낮다거나 못한다고 말하기 어려운 상황을 가리켜요.
실력이나 수준이 비슷해서 우열을 가리기 힘들 때 자주 쓰는 표현이지요.

막하
❶ 더 못하다고 하기 어려움

함께 알아두면 좋은 한자 성어

★ 난형난제(어려울 난難 형 형兄 어려울 난難 아우 제弟) | 누구를 형이라 하고 누구를 아우라 하기 어렵다, 비슷하여 낫고 못함을 정하기 어렵다.

1 다음 빈칸에 들어갈 알맞은 한자 성어에 ○표 하세요.

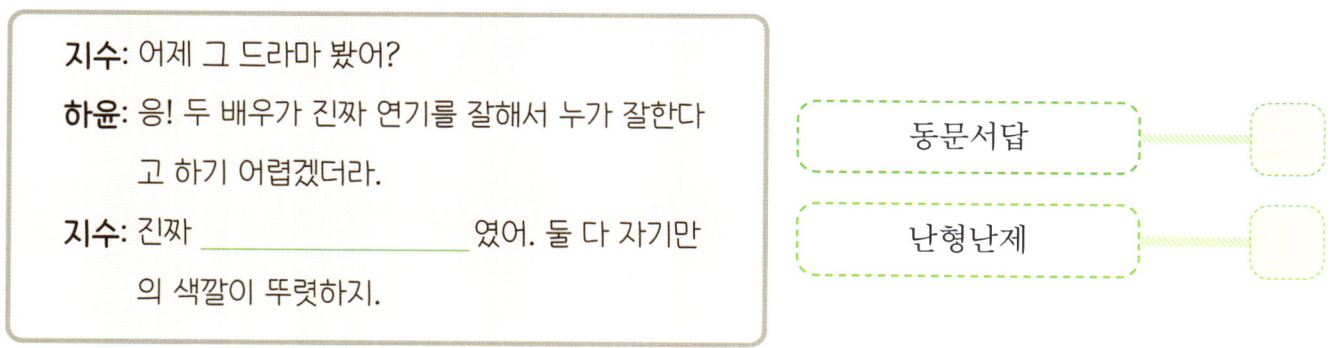

지수: 어제 그 드라마 봤어?
하윤: 응! 두 배우가 진짜 연기를 잘해서 누가 잘한다
고 하기 어렵겠더라.
지수: 진짜 _____였어. 둘 다 자기만
의 색깔이 뚜렷하지.

동문서답

난형난제

2 다음 초성을 참고하여 빈칸에 들어갈 알맞은 한자 성어를 쓰세요.

두 셰프의 요리는 각각 맛과 창의성 면에서 뛰어나, 어느 쪽이 더 우수하다고 말하기 어려운

ㅁ ㅅ ㅁ ㅎ 의 평가를 받았다.

🔺 좋아하는 운동이나, 즐겨 보는 스포츠 경기가 있다면 소개해 보세요.
그 운동을 좋아하게 된 이유나 재미있다고 느낀 순간을 함께 써 보세요.

> 예   나는 줄넘기를 좋아한다. 방과후 수업에서 배우기 시작했는데, 할수록 재미있어서 저녁에도 집 앞 공원에서 꾸준히 연습한다. 혼자서도 할 수 있고, 기술이 늘수록 뿌듯해서 자주 하게 된다.

내 생각

배경지식 플러스

세계적인 스포츠가 된 야구

야구는 19세기 중반 미국에서 처음으로 체계적인 스포츠로 자리 잡았어요. 초기에는 영국의 '크리켓'이나 '라운더스'라는 놀이에서 영향을 받았다고 해요. 현재 야구는 한국, 일본, 대만, 미국, 도미니카공화국, 베네수엘라 등에서 매우 인기가 많아요.

특히 한국은 1982년 프로야구가 출범한 이후 야구 열기가 높아졌고, 세계 야구대회에서도 좋은 성적을 내고 있어요. 이렇게 야구는 여러 나라에서 각기 다른 방식으로 발전하며 세계인의 스포츠가 되었어요.

지역 대표 음식은 꼭 먹어야 해!

우리나라에는 지역마다 오래 사랑받아 온 대표 음식이 있어요. 그래서 여행을 가거나 그 지역에 방문할 일이 있을 때 지역 대표 음식을 찾아 먹어 보는 게 큰 재미이지요.

춘천은 양계장이 많아 닭갈비가 유명해졌어요. 양념한 닭고기를 철판에 구워 먹는 맛이 특별해, 춘천에 가면 꼭 먹어야 하지요. 전주는 쌀이 좋고 나물이 다양해 여러 고명을 얹은 비빔밥이 탄생했고, 보기에도 예쁘고 맛도 좋아 대한민국을 대표하는 음식으로도 유명해요.

부산은 한국 전쟁 때 **피난민**이 모인 곳으로, 냉면 대신 밀가루로 만든 밀면이 값싸고 맛있어 대표 음식이 되었지요. 순천은 갯벌이 많아 꼬막이 풍부해요. 양념에 잘 어우러진 꼬막 비빔밥은 **현지**뿐만 아니라 전국적으로 인기가 높아요. 수원은 오래된 통닭 골목이 유명한데, 영화 속 '왕갈비 통닭'의 배경이 되며 더 주목받았어요.

이처럼 자연환경과 역사, 문화와 전통이 어우러져 만든 음식은 고장을 대표하는 맛이 되었어요. 요즘은 인터넷과 방송으로 소문이 퍼져 관광객들이 일부러 찾아오기도 해요.

그래서 **문전성시**를 이루는 식당도 많아요.

맛과 정성이 담긴 지역 음식은 그 지역의 자랑이자 사람들을 끄는 힘이 있답니다.

> 여행의 묘미는 지역 음식을 먹어 보는 거지!

단어 풀이
피난민(피할 피避 어려울 난難 백성 민民): 재난을 피하여 가는 백성
현지(나타날 현現 땅 지地): 사물이 현재 있는 곳

1 이 글의 내용과 맞으면 ○표, 틀리면 ×표 하세요.

부산은 냉면이 값싸고 맛있어 대표 음식이 되었다.

최근 인터넷과 방송을 통해 지역 음식의
인기가 더 널리 알려지고 있다.

2 '문전성시'의 상황을 나타낸 것을 찾아 ○표 하세요.

사람들이
많이 모이는 곳

조용하고
한적한 장소

많은 물건을
파는 가게

3 각 지역과 대표 음식을 알맞게 연결하세요.

춘천

전주

부산

밀면

비빔밥

닭갈비

4 이 글의 중심 내용으로 알맞은 것은 무엇인가요?

① 영화에 나오는 음식은 대부분 실제로 존재하지 않는다.

② 지역 대표 음식은 자연과 전통이 담긴 소중한 자산이다.

③ 사람들은 조용하고 한적한 식당을 찾아다니는 경우가 많다.

오늘의 한자 성어

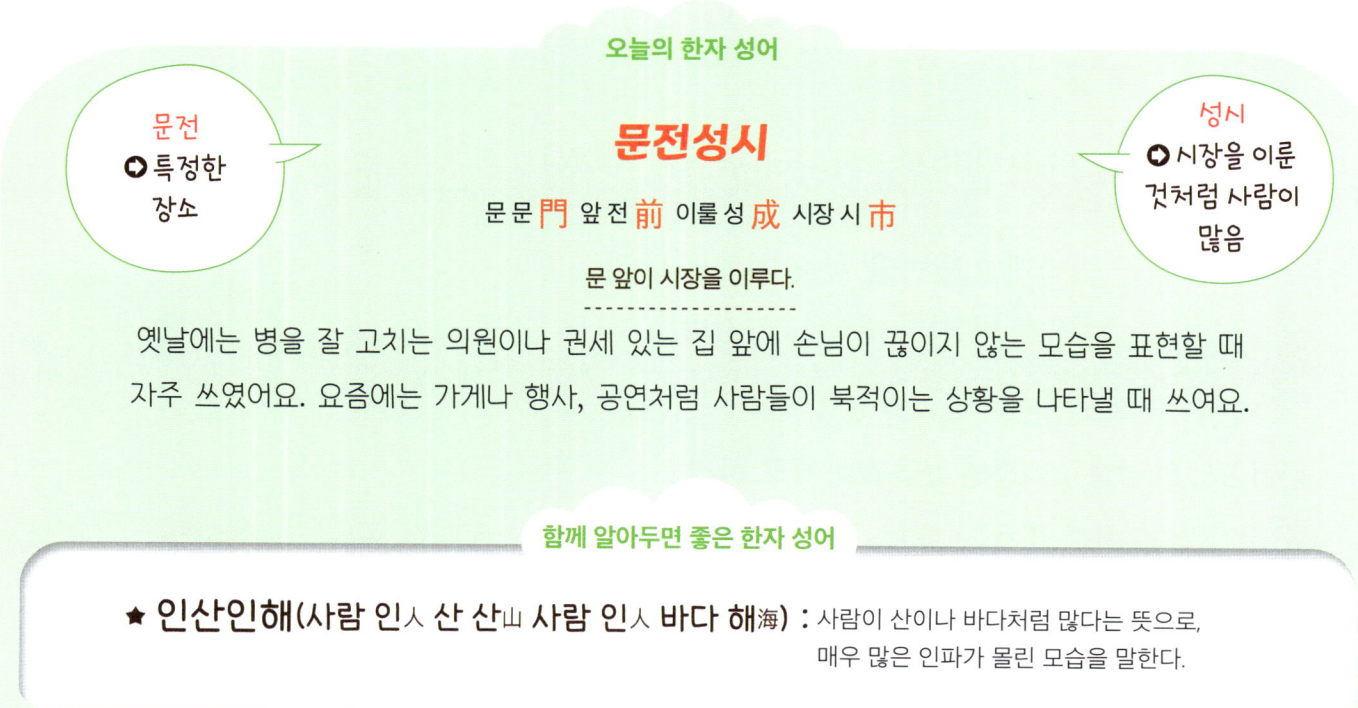

문전
❶특정한 장소

문전성시

문 문 門 앞 전 前 이룰 성 成 시장 시 市

성시
❶시장을 이룬 것처럼 사람이 많음

문 앞이 시장을 이루다.

옛날에는 병을 잘 고치는 의원이나 권세 있는 집 앞에 손님이 끊이지 않는 모습을 표현할 때 자주 쓰였어요. 요즘에는 가게나 행사, 공연처럼 사람들이 북적이는 상황을 나타낼 때 쓰여요.

함께 알아두면 좋은 한자 성어

★ 인산인해(사람 인 人 산 산 山 사람 인 人 바다 해 海) : 사람이 산이나 바다처럼 많다는 뜻으로, 매우 많은 인파가 몰린 모습을 말한다.

1 다음 빈칸에 들어갈 알맞은 한자 성어에 ○표 하세요.

지민: 오늘 그 아이돌 사인회 갔다 왔어? 사람 엄청 몰렸다더라!

수야: 응, ＿＿＿＿＿＿＿였어. 줄만 세 시간은 선 것 같아.

주희: 나도 갔는데, 사람이 너무 많아서 얼굴 한 번 제대로 못 보고 나왔어.

인산인해

막상막하

2 다음 초성을 참고하여 빈칸에 들어갈 알맞은 한자 성어를 쓰세요.

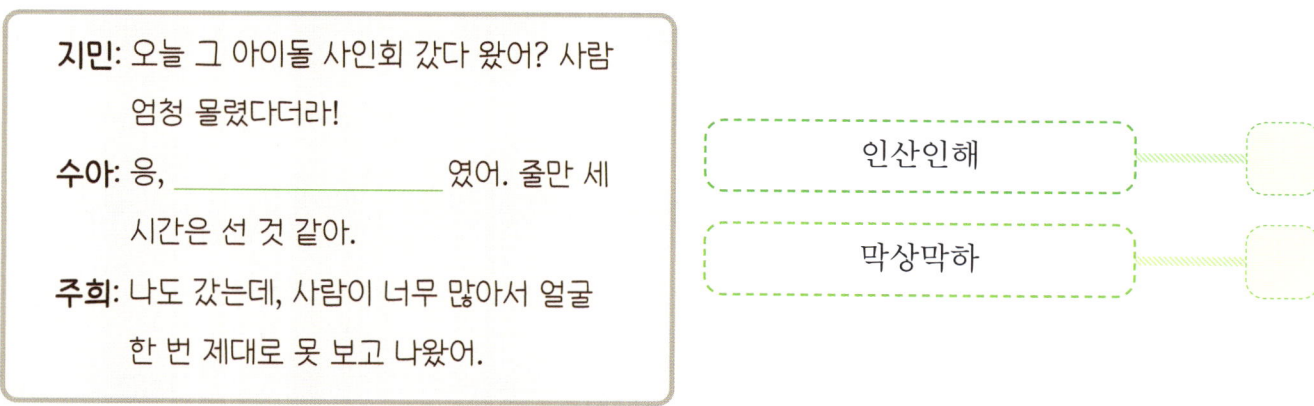

새로 문을 연 빵집은 소문이 퍼지자마자 ㅁ ㅈ ㅅ ㅅ 를 이루며 손님들로 붐볐다.

🔺 사람들이 줄을 설 정도로 인기가 많은 '내가 좋아하는 맛집'을 소개해 보세요. 그 맛집의 추천 메뉴와
왜 사람들에게 인기가 많은지도 함께 써 보세요.

> 예 우리 동네 OO 떡볶이집은 TV에도 나올 만큼 유명하다. 떡이 쫀득하고 양념이 달콤해서 한 번 먹으면 자꾸 생각난다.
> 사장님이 튀김도 바로바로 조리해서 바삭바삭하고 더 맛있다.

내 생각

배경지식 플러스

전쟁이 남긴 특별한 맛, 부대찌개

부대찌개는 한국 전쟁 이후 생겨난 음식이에요.

전쟁 뒤 경기도 의정부 근처 미군 부대에서 남은 햄, 소시지, 베이컨 등을 김치, 고추장, 마늘과

함께 끓여 먹으면서 탄생했지요. '부대' 근처에서 만들어져 이런 이름이 붙었어요.

처음에는 어려운 시기를 버티기 위한 음식이었지만, 지금은 매콤하고

구수한 맛으로 많은 사람이 좋아하는 인기 음식이 되었어요.

1 빈칸에 들어갈 알맞은 말을 연결해 한자 성어를 완성하세요.

(1) ⬜ 전성시 　•　　•　**동**

(2) ⬜ 용지물 　•　　•　**문**

(3) ⬜ 분서주 　•　　•　**무**

2 다음 한자 성어의 뜻으로 알맞은 단어에 ○표 하세요.

(1) 동문서답

　뜻 묻는 말과 전혀 관련 없는 (올바른/엉뚱한) 대답을 한다.

(2) 전화위복

　뜻 (나쁜/기쁜) 일이 바뀌어 좋은 일이 된다.

(3) 막상막하

　뜻 실력이 비슷해 우열을 가리기 (어렵다/쉽다).

3 다음 글을 읽고 어울리는 한자 성어를 쓰세요.

> 놀이공원에 새로 개장한 롤러코스터 앞은 사람들이 몰려들어 발 디딜 틈이 없었어요. 줄이 끝도 없이 이어져 멀리서도 북적임이 한눈에 보였지요.

ㅇ ㅅ ㅇ ㅎ

답

한자만 알아도 어휘가 술술

한 글자를 중심으로 여러 단어를 같이 배우면, 그 글자의 기본 뜻을 쉽게 알 수 있어요. 그러면 어휘를 따로 외우지 않아도 서로 연결해서 기억할 수 있고, 쉽게 잊어 버리지 않아요.

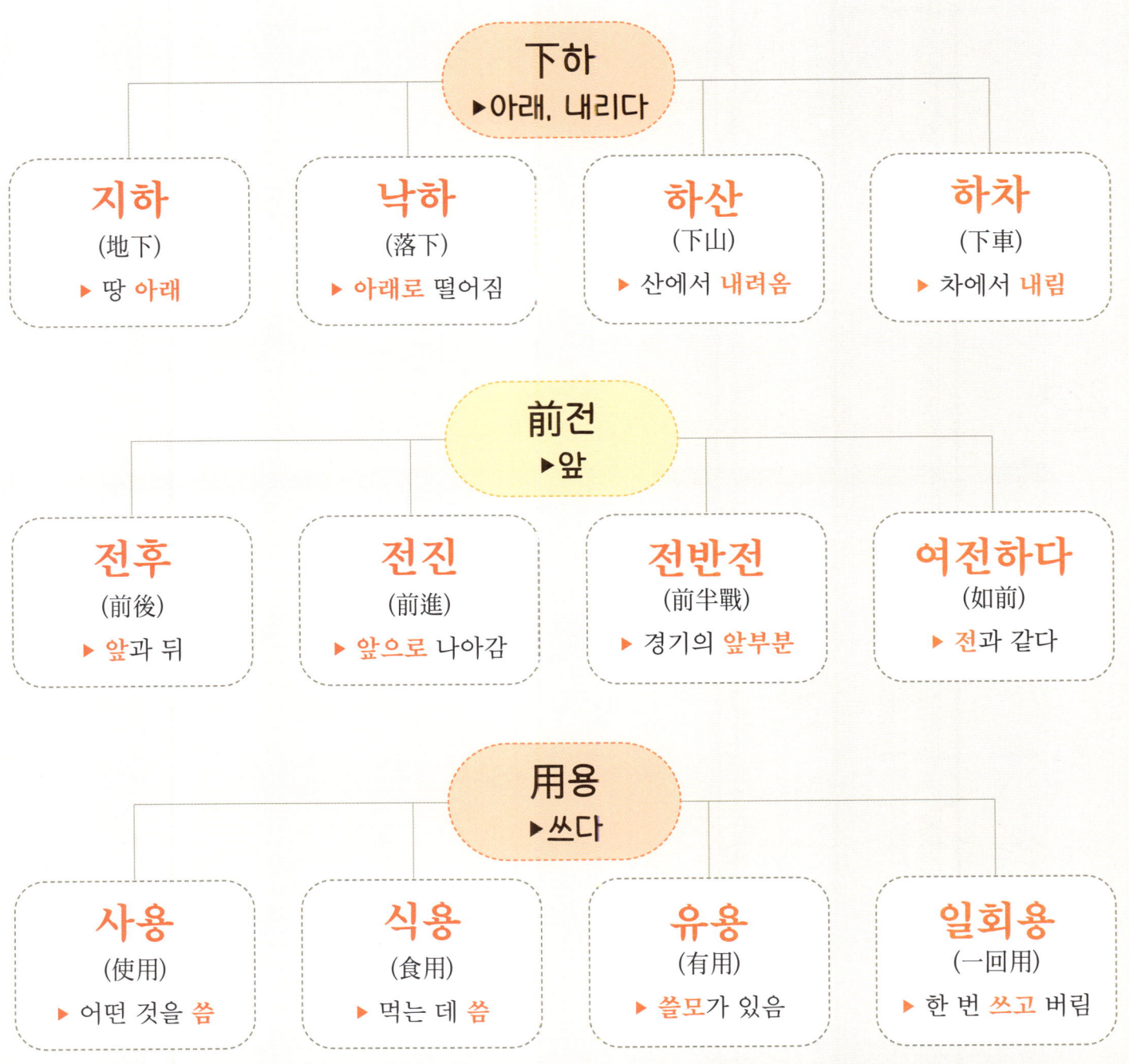

下하
▶아래, 내리다

지하
(地下)
▶ 땅 아래

낙하
(落下)
▶ 아래로 떨어짐

하산
(下山)
▶ 산에서 내려옴

하차
(下車)
▶ 차에서 내림

前전
▶앞

전후
(前後)
▶ 앞과 뒤

전진
(前進)
▶ 앞으로 나아감

전반전
(前半戰)
▶ 경기의 앞부분

여전하다
(如前)
▶ 전과 같다

用용
▶쓰다

사용
(使用)
▶ 어떤 것을 씀

식용
(食用)
▶ 먹는 데 씀

유용
(有用)
▶ 쓸모가 있음

일회용
(一回用)
▶ 한 번 쓰고 버림

정답 1단원 1일차

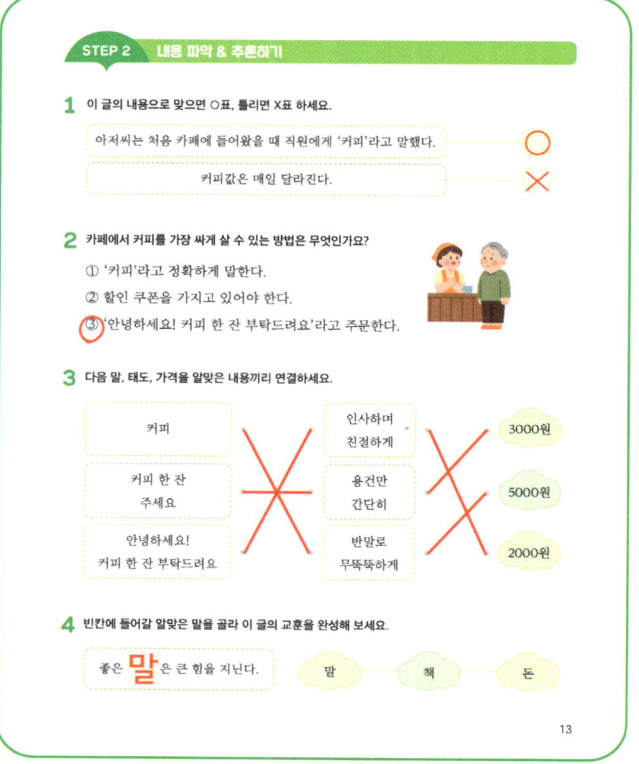

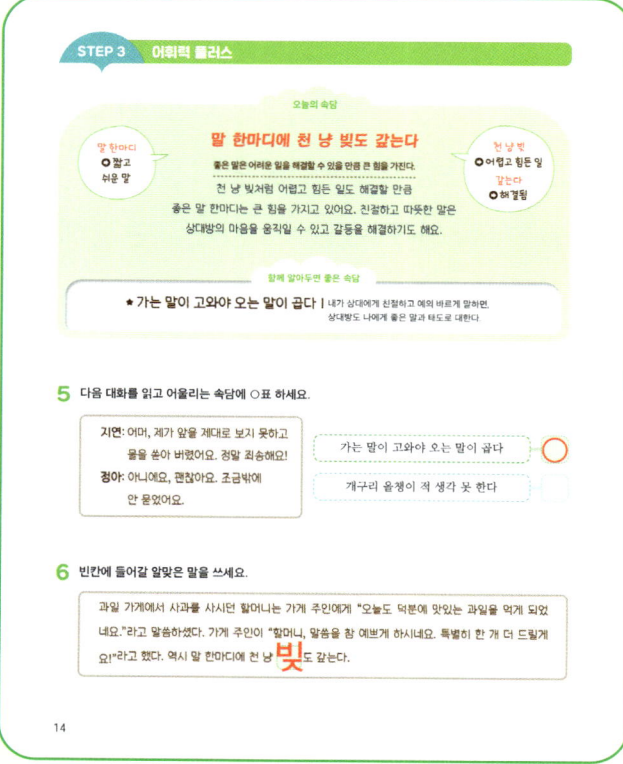

2일차

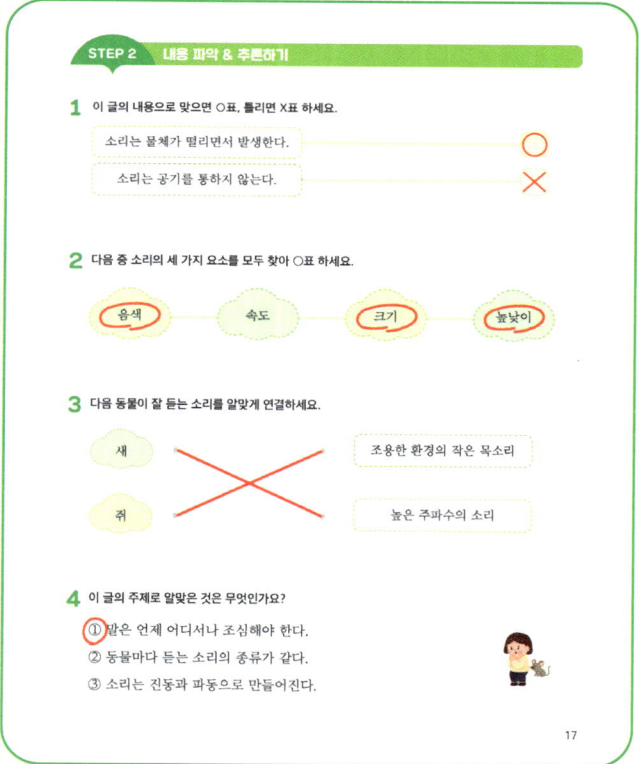

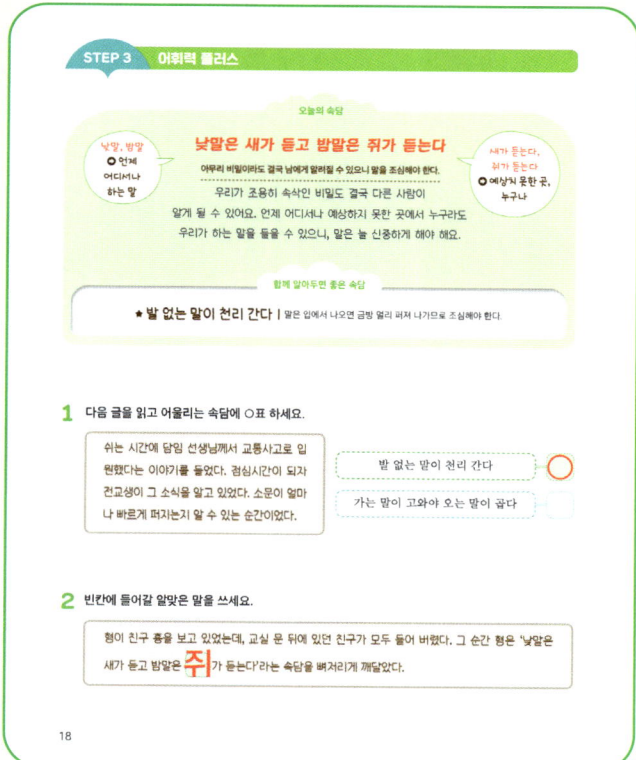

3일차

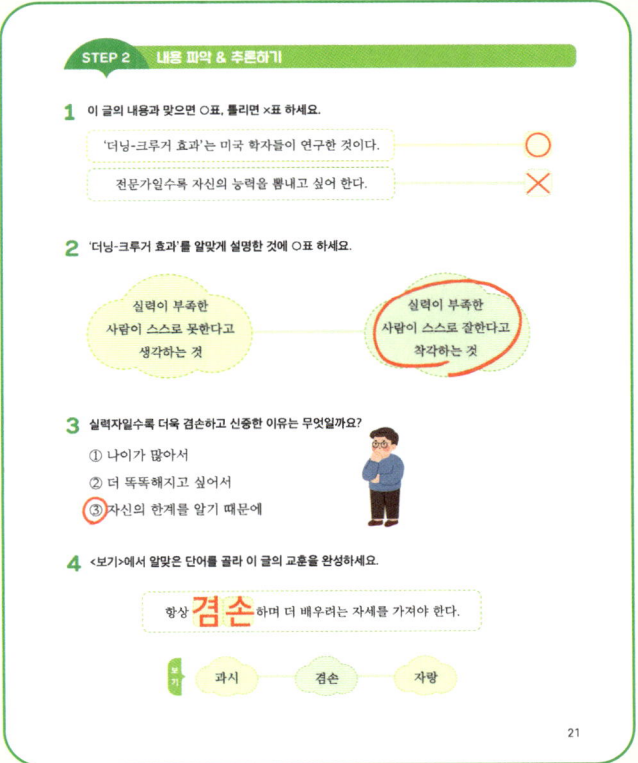

1 이 글의 내용과 맞으면 ○표, 틀리면 ×표 하세요.

'더닝-크루거 효과'는 미국 학자들이 연구한 것이다. ○

전문가일수록 자신의 능력을 뽐내고 싶어 한다. ×

2 '더닝-크루거 효과'를 알맞게 설명한 것에 ○표 하세요.

실력이 부족한 사람이 스스로 못한다고 생각하는 것

실력이 부족한 사람이 스스로 잘한다고 착각하는 것 (○)

3 실력자일수록 더욱 겸손하고 신중한 이유는 무엇일까요?

① 나이가 많아서
② 더 똑똑해지고 싶어서
③ 자신의 한계를 알기 때문에 (○)

4 <보기>에서 알맞은 단어를 골라 이 글의 교훈을 완성하세요.

항상 **겸손** 하며 더 배우려는 자세를 가져야 한다.

보기: 과시　겸손　자랑

21

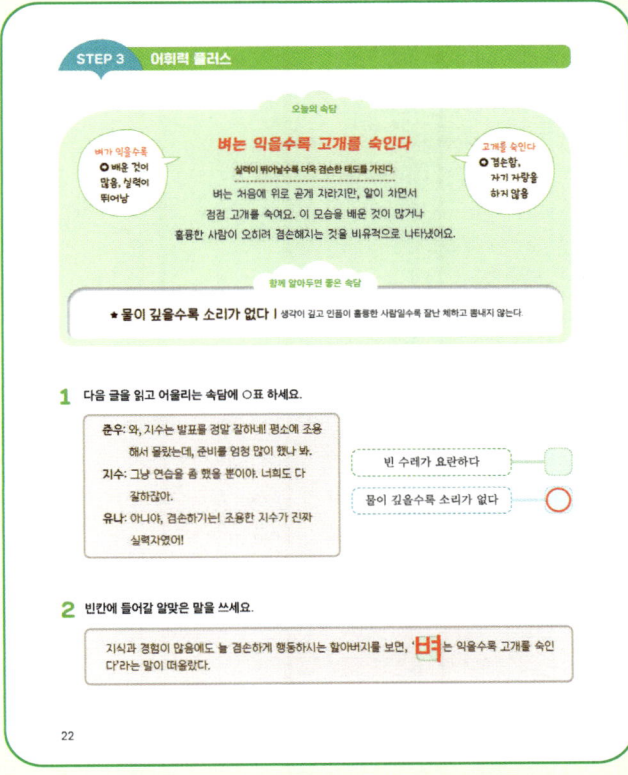

오늘의 속담

벼가 익을수록
○ 배운 것이 많음, 실력이 뛰어남

벼는 익을수록 고개를 숙인다

실력이 뛰어날수록 더욱 겸손한 태도를 가진다.

고개를 숙인다
○ 겸손함, 자기 자랑을 하지 않음

벼는 처음에 위로 곧게 자라지만, 알이 차면서 점점 고개를 숙여요. 이 모습을 배운 것이 많거나 훌륭한 사람이 오히려 겸손해지는 것을 비유적으로 나타냈어요.

함께 알아두면 좋은 속담

★ 물이 깊을수록 소리가 없다 | 생각이 깊고 인품이 훌륭한 사람일수록 잘난 체하지 않는다.

1 다음 글을 읽고 어울리는 속담에 ○표 하세요.

준우: 와, 지수는 발표를 경말 잘하네! 평소에 조용해서 몰랐는데, 준비 엄청 많이 했나 봐.
지수: 그냥 연습을 좀 했을 뿐이야. 너희도 다 잘하잖아.
유나: 아니야, 겸손하기는! 조용한 지수가 진짜 실력자였어!

빈 수레가 요란하다

물이 깊을수록 소리가 없다 (○)

2 빈칸에 들어갈 알맞은 말을 쓰세요.

지식과 경험이 많음에도 늘 겸손하게 행동하시는 할아버지를 보면, '**벼**는 익을수록 고개를 숙인다'라는 말이 떠올랐다.

22

4일차

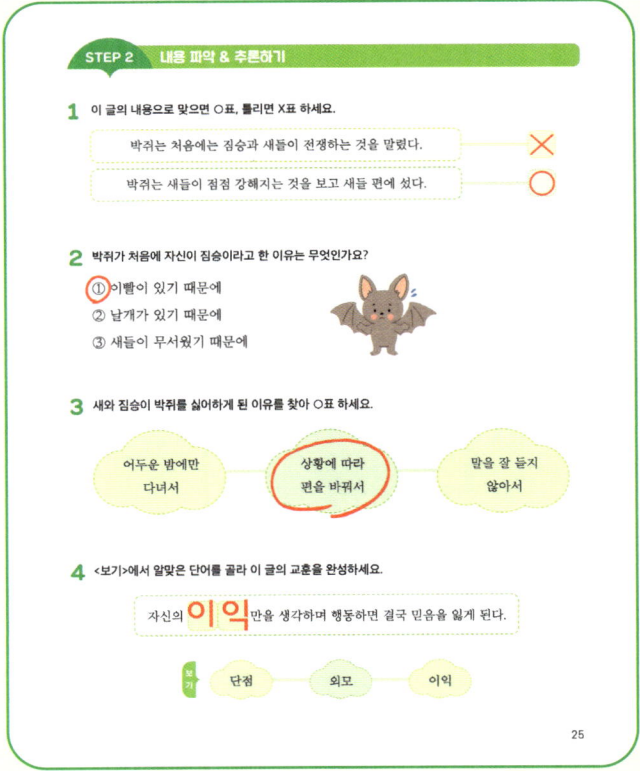

1 이 글의 내용으로 맞으면 ○표, 틀리면 X표 하세요.

박쥐는 처음에는 짐승과 새들이 전쟁하는 것을 말렸다. ×

박쥐는 새들이 점점 강해지는 것을 보고 새들 편에 섰다. ○

2 박쥐가 처음에 자신이 짐승이라고 한 이유는 무엇인가요?

① 이빨이 있기 때문에 (○)
② 날개가 있기 때문에
③ 새들이 무서웠기 때문에

3 새와 짐승이 박쥐를 싫어하게 된 이유를 찾아 ○표 하세요.

어두운 밤에만 다녀서

상황에 따라 편을 바꿔서 (○)

말을 잘 듣지 않아서

4 <보기>에서 알맞은 단어를 골라 이 글의 교훈을 완성하세요.

자신의 **이익** 만을 생각하며 행동하면 결국 믿음을 잃게 된다.

보기: 단점　외모　이익

25

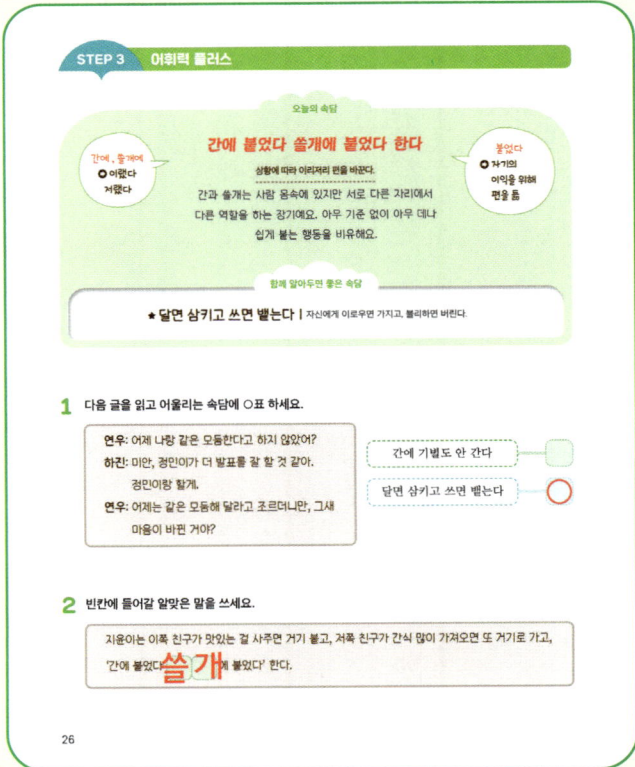

오늘의 속담

간에, 쓸개에
○ 이랬다 저랬다

간에 붙었다 쏠개에 붙었다 한다

상황에 따라 이리저리 편을 바꾼다.

붙었다
○ 자기의 이익을 위해 편을 듦

간과 쓸개는 사람 몸속에 있지만 서로 다른 자리에서 다른 역할을 하는 장기예요. 아무 기준 없이 아무 데나 쉽게 붙는 행동을 비유해요.

함께 알아두면 좋은 속담

★ 달면 삼키고 쓰면 뱉는다 | 자신에게 이로우면 가지고, 불리하면 버린다.

1 다음 글을 읽고 어울리는 속담에 ○표 하세요.

연우: 어제 나랑 같은 모둠한다고 하지 않았어?
하진: 미안, 경인이가 더 발표를 잘 할 것 같아. 경인이랑 할게.
연우: 어제는 같은 모둠 하자고 조르더니만, 그새 마음이 바뀐 거야?

간에 기별도 안 간다

달면 삼키고 쓰면 뱉는다 (○)

2 빈칸에 들어갈 알맞은 말을 쓰세요.

지윤이는 이쪽 친구가 맛있는 걸 사주면 거기 붙고, 저쪽 친구가 간식 많이 가져오면 또 거기로 가고, '간에 붙었다 **쓸개** 에 붙었다' 한다.

26

5일차

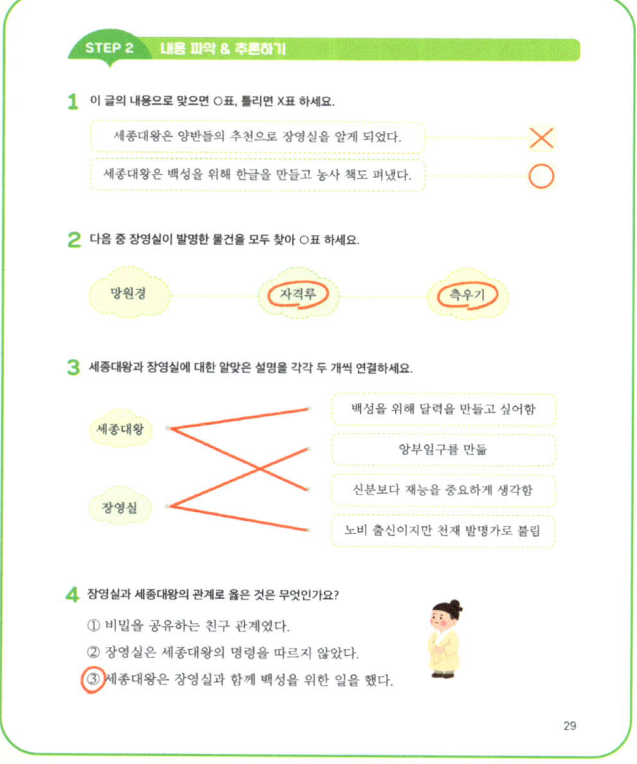

STEP 2 내용 파악 & 추론하기

1 이 글의 내용으로 맞으면 ○표, 틀리면 X표 하세요.

세종대왕은 양반들의 추천으로 장영실을 알게 되었다. — ✗

세종대왕은 백성을 위해 한글을 만들고 농사 책도 펴냈다. — ○

2 다음 중 장영실이 발명한 물건을 모두 찾아 ○표 하세요.

망원경   (자격루)   (측우기)

3 세종대왕과 장영실에 대한 알맞은 설명을 각각 두 개씩 연결하세요.

세종대왕 / 장영실

- 백성을 위해 달력을 만들고 싶어함
- 양부일구를 만듦
- 신분보다 재능을 중요하게 생각함
- 노비 출신이지만 천재 발명가로 불림

4 장영실과 세종대왕의 관계로 옳은 것은 무엇인가요?

① 비밀을 공유하는 친구 관계였다.
② 장영실은 세종대왕의 명령을 따르지 않았다.
③ 세종대왕은 장영실과 함께 백성을 위한 일을 했다.

29

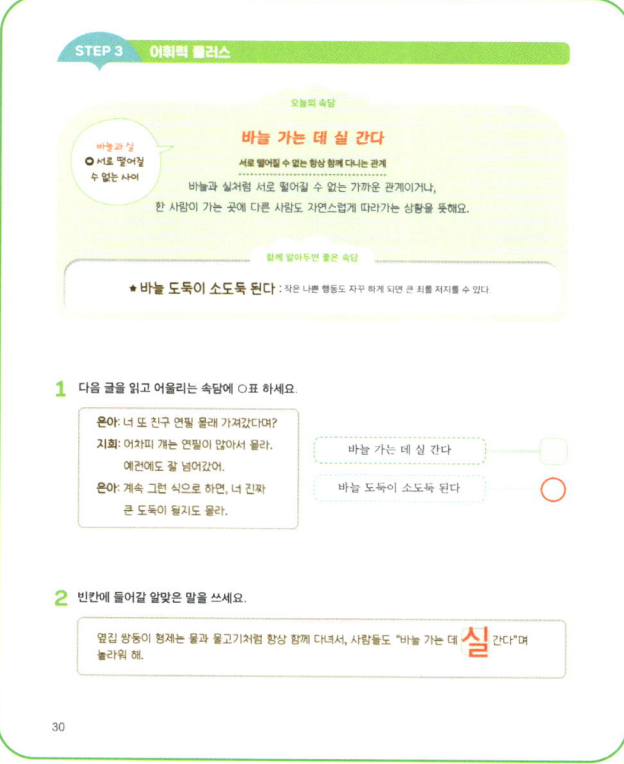

STEP 3 어휘력 플러스

오늘의 속담

바늘 가는 데 실 간다

서로 떨어질 수 없는 항상 함께 다니는 관계

바늘과 실처럼 서로 떨어질 수 없는 가까운 관계이거나, 한 사람이 가는 곳에 다른 사람도 자연스럽게 따라가는 상황을 뜻해요.

함께 알아두면 좋은 속담

✦ **바늘 도둑이 소도둑 된다** : 작은 나쁜 행동도 자꾸 하게 되면 큰 죄를 저지를 수 있다.

1 다음 글을 읽고 어울리는 속담에 ○표 하세요.

은아: 너 또 친구 연필 몰래 가져갔다며?
지희: 어차피 걔는 연필이 많아서 몰라. 예전에도 잘 넘어갔어.
은아: 계속 그런 식으로 하면, 너 진짜 큰 도둑이 될지도 몰라.

바늘 가는 데 실 간다
바늘 도둑이 소도둑 된다 — ○

2 빈칸에 들어갈 알맞은 말을 쓰세요.

옆집 쌍둥이 형제는 물과 물고기처럼 항상 함께 다녀서, 사람들이 "바늘 가는 데 **실** 간다"며 놀라워 해.

30

Test

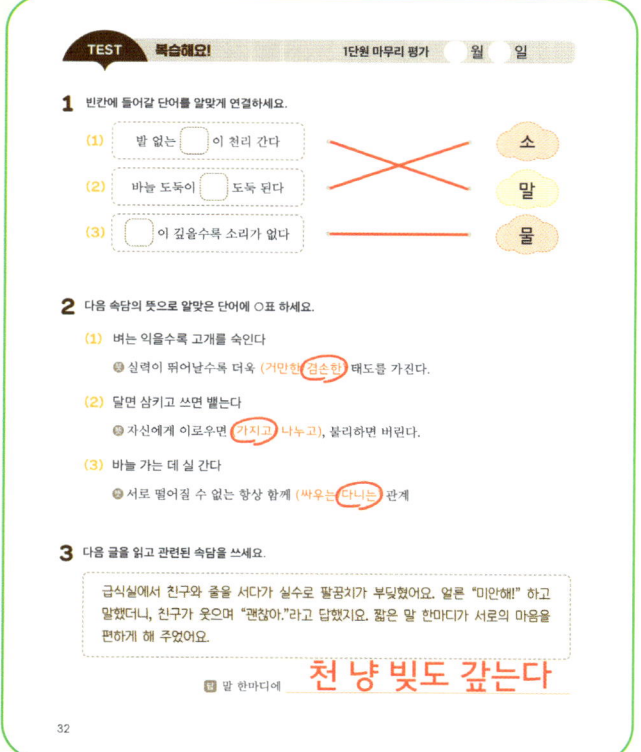

TEST 복습해요!   1단원 마무리 평가   월 일

1 빈칸에 들어갈 단어를 알맞게 연결하세요.

(1) 발 없는 □이 천리 간다
(2) 바늘 도둑이 □ 도둑 된다
(3) □이 깊을수록 소리가 없다

소 / 말 / 물

2 다음 속담의 뜻으로 알맞은 단어에 ○표 하세요.

(1) 벼는 익을수록 고개를 숙인다
➡ 실력이 뛰어날수록 더욱 (거만한, 겸손한) 태도를 가진다.

(2) 달면 삼키고 쓰면 뱉는다
➡ 자신에게 이로우면 (가지고, 나누고), 불리하면 버린다.

(3) 바늘 가는 데 실 간다
➡ 서로 떨어질 수 없는 항상 함께 (싸우는, 다니는) 관계

3 다음 글을 읽고 관련된 속담을 쓰세요.

급식실에서 친구와 줄을 서다가 실수로 팔꿈치가 부딪혔어요. 얼른 "미안해!" 하고 말했더니, 친구가 웃으며 "괜찮아."라고 답했지요. 짧은 말 한마디가 서로의 마음을 편하게 해 주었어요.

📝 말 한마디에

천 냥 빚도 갚는다

32

정답 2단원   6일차

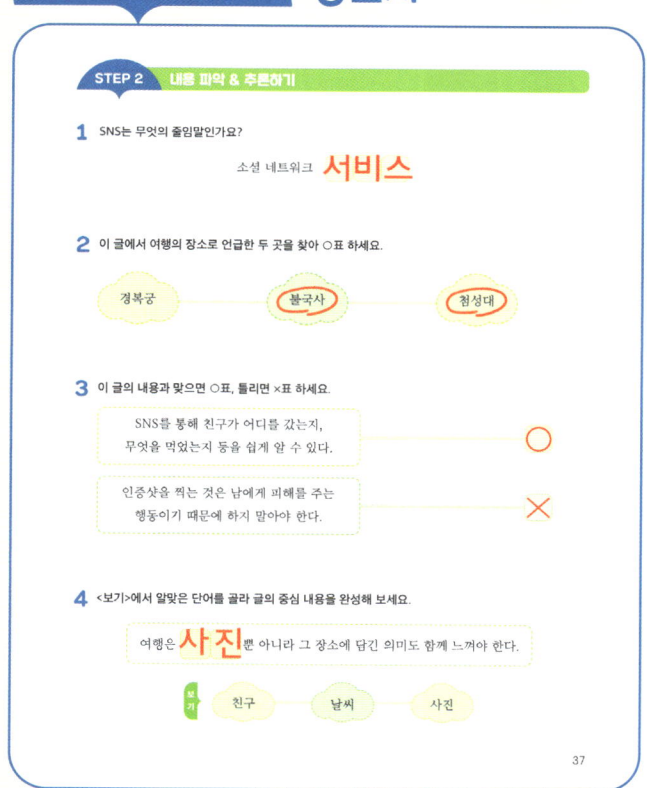

STEP 2 내용 파악 & 추론하기

1 SNS는 무엇의 줄임말인가요?

소셜 네트워크 **서비스**

2 이 글에서 여행의 장소로 언급한 두 곳을 찾아 ○표 하세요.

경복궁   (불국사)   (첨성대)

3 이 글의 내용과 맞으면 ○표, 틀리면 ×표 하세요.

SNS를 통해 친구가 어디를 갔는지, 무엇을 먹었는지 등을 쉽게 알 수 있다. — ○

인증샷을 찍는 것은 남에게 피해를 주는 행동이기 때문에 하지 말아야 한다. — ✗

4 <보기>에서 알맞은 단어를 골라 글의 중심 내용을 완성해 보세요.

여행은 **사진**뿐 아니라 그 장소에 담긴 의미도 함께 느껴야 한다.

보기: 친구 — 날씨 — 사진

37

왼쪽 위 (p.38)

STEP 3 어휘력 플러스

오늘의 속담

수박 걸 핥기

사물의 속 내용은 모르고 겉만 건드린다.

수박
○맛있는 속살,
중요한 내용

겉 핥기
○맛없는 껍데기,
중요하지 않은 표면

수박은 달콤한 속이 중요한데, 겉만 핥으면
맛을 제대로 못 느껴요. 마찬가지로 공부나 여행 등
어떤 일이든 겉만 살피면 진짜 중요한 걸 놓치게 돼요.

함께 알아두면 좋은 속담

★ 겉 다르고 속 다르다 | 겉모습과 실제 내용이 다르니 겉만 보고 판단해서는 안 된다.

1 다음 글을 읽고 어울리는 속담에 ○표 하세요.

서진: 와! 은호야, 오늘 발표 진짜 멋졌어! 정말 잘하던데?
은호: 아, 그래? 고마워! 떨렸는데 다행이다.
서진: (은호가 떠나자 옆 친구에게 속닥이며)
솔직히 저게 잘한 거냐? 완전 재미없었어.

수박 겉 핥기
겉 다르고 속 다르다 ○

2 빈칸에 들어갈 알맞은 말을 쓰세요.

요점 정리만 대충 읽고 **수박** 걸 핥기' 식으로 공부했더니 막상 시험을 볼 때
하나도 기억나지 않았다.

38

왼쪽 아래 (p.42)

STEP 3 어휘력 플러스

오늘의 속담

하늘이 무너져도 솟아날 구멍은 있다

아무리 어려운 일이라도 해결할 방법이 있다.

하늘이
무너진다
○큰 어려움,
위기

솟아날 구멍
○해결 방법,
살아날 수 있는
희망

'하늘이 무너진다'라는 말은 아주 큰 어려움이나 위기를 뜻해요.
하지만 아무리 힘든 일이라도 끝까지 포기하지 않으면
반드시 해결할 방법, 희망이 생긴다는 뜻이에요.

함께 알아두면 좋은 속담

★ 쥐구멍에도 별 들 날 있다 : 아무리 어렵고 힘든 상황에도 언젠가는 좋은 날이 온다.

1 다음 글을 읽고 어울리는 속담에 ○표 하세요.

민준: 나 영어 단어 시험에서 맨날 반 이상
틀렸는데, 이번에는 다 맞았어!
지우: 와, 대단하다! 지난주에도 쉬는 시간마다
단어를 외우더니!
민준: 맞아, 언젠가는 좋은 날이 온다더니,
나한테도 그런 날이 오네!

하늘이 무너져도 솟아날 구멍은 있다
쥐구멍에도 별 들 날 있다 ○

2 빈칸에 들어갈 알맞은 말을 쓰세요.

지갑을 잃어버려서 너무 걱정했는데, 어떤 분이 주워서 학교에 맡겨 주셨어.
하늘이 무너져도 솟아날 구멍은 있다'라는 말이 딱 맞는 순간이었어!

42

오른쪽 위 (p.41)

STEP 2 내용 파악 & 추론하기

1 이 글의 내용으로 맞으면 ○표, 틀리면 X표 하세요.

산 고개 위에는 무서운 호랑이가 살았다. ○

기름 장수는 미끄러져 넘어지는 바람에 도망치지 못했다. X

2 마을 사람들이 소금 장수에게 산 고개를 넘지 말라고 한 이유는 무엇인가요?

호랑이가
있어서 (○)

눈이 너무
많이 와서

길이
막혀서

3 다음 인물과 한 일을 알맞게 연결하세요.

소금 장수 ——— 불을 붙였다

대장장이 ——— 소금을 뿌렸다

기름 장수 ——— 고기를 씹었다

4 다음은 이 글의 중심 생각을 나타낸 문장이에요. 빈칸에 들어갈 알맞은 말은 무엇인가요?

'아무리 어려운 상황이라도

① 도와줄 친구가 생겨요.
② 소리를 지르며 도움을 구해요.
③ 방법을 찾으면 살아날 수 있어요. (○)

41

오른쪽 아래 (p.45)

STEP 2 내용 파악 & 추론하기

1 이 글의 내용으로 맞으면 ○표, 틀리면 X표 하세요.

김연아 선수는 경기마다 완벽한 모습을 보여 주었다. X

메시는 2016년 코파 아메리카 결승전에서
골을 넣어 팀을 우승으로 이끌었다. X

2 다음 인물과 그 사람이 겪은 일을 알맞게 연결하세요.

메시 ——— 점프 실수로 점수가 깎임

김연아 ——— 페널티킥 실수로 국가대표 은퇴 선언

3 메시가 다시 국가대표로 돌아올 수 있었던 이유는 무엇인가요?

많은 사람의
응원과 도전 정신 (○)

감독의 강요와
상금에 대한 욕심

4 <보기>에서 알맞은 단어를 골라 글의 중심 내용을 완성하세요.

훌륭한 사람들도 **실수**를 하지만, 포기하지 않고 다시 도전한다.

보기 실수 성공 거짓말

45

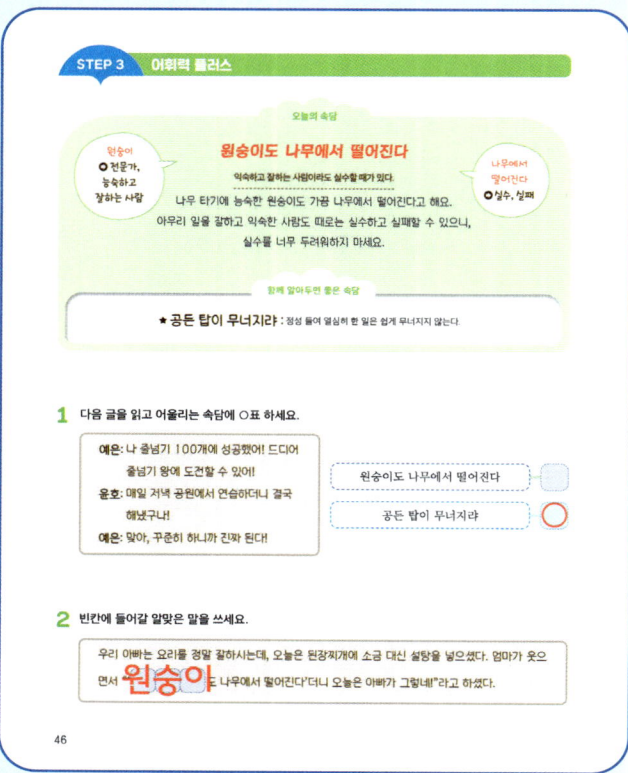

오늘의 속담

원숭이도 나무에서 떨어진다

원숭이 ○ 전문가, 능숙하고 잘하는 사람

나무에서 떨어진다 ○ 실수, 실패

익숙하고 잘하는 사람이라도 실수할 때가 있다

나무 타기에 능숙한 원숭이도 가끔 나무에서 떨어진다고 해요.
아무리 일을 잘하고 익숙한 사람도 때로는 실수하고 실패할 수 있으니,
실수를 너무 두려워하지 마세요.

함께 알아두면 좋은 속담

★ 공든 탑이 무너지랴 : 정성 들여 열심히 한 일은 쉽게 무너지지 않는다.

1 다음 글을 읽고 어울리는 속담에 ○표 하세요.

예은: 나 줄넘기 100개에 성공했어! 드디어 줄넘기 왕에 도전할 수 있어!
윤호: 매일 저녁 공원에서 연습하더니 결국 해냈구나!
예은: 맞아, 꾸준히 하니까 진짜 된다!

원숭이도 나무에서 떨어진다
공든 탑이 무너지랴 ○

2 빈칸에 들어갈 알맞은 말을 쓰세요.

우리 아빠는 요리를 정말 잘하시는데, 오늘은 된장찌개에 소금 대신 설탕을 넣었어요. 엄마가 웃으면서 " **원숭이** 도 나무에서 떨어진다"더니 오늘은 아빠가 그렇네"라고 하셨다.

46

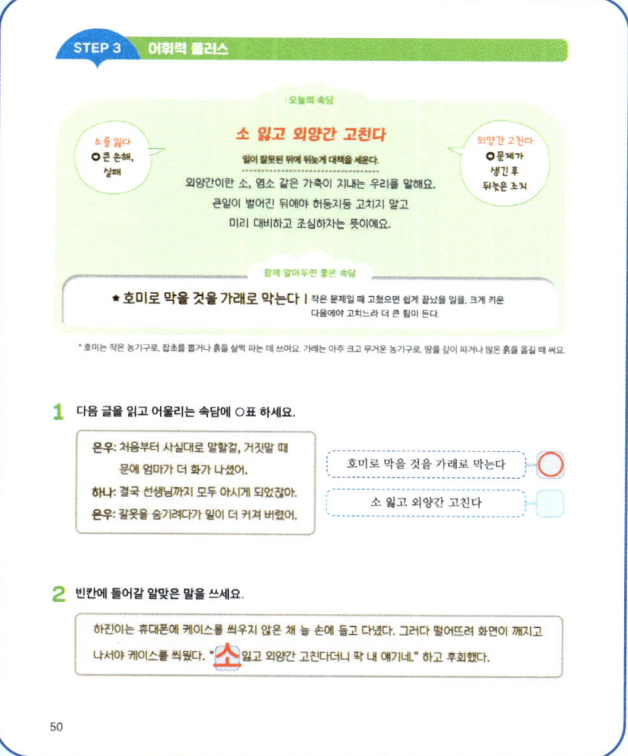

오늘의 속담

소 잃고 외양간 고친다

소를 잃다 ○ 큰 손해, 실패

외양간 고친다 ○ 문제가 생긴 후 뒤늦은 조치

일이 잘못된 뒤에 뒤늦게 대책을 세운다.

외양간이란 소, 염소 같은 가축이 지내는 우리를 말해요.
큰일이 벌어진 뒤에야 허둥지둥 고치지 말고
미리 대비하고 조심하자는 뜻이에요.

함께 알아두면 좋은 속담

★ 호미로 막을 것을 가래로 막는다 : 작은 문제일 때 고치면 쉽게 끝났을 일을, 크게 키운 다음에야 고치느라 더 큰 힘이 든다.

* 호미는 작은 농기구로, 잡초를 뽑거나 흙을 얕게 파는 데 쓰여요. 가래는 아주 크고 무거운 농기구로, 땅을 깊이 파거나 많은 흙을 옮길 때 써요.

1 다음 글을 읽고 어울리는 속담에 ○표 하세요.

은우: 처음부터 사실대로 말할걸, 거짓말 때문에 엄마가 더 화가 나셨어.
하나: 결국 선생님까지 모두 아시게 되었잖아.
은우: 잘못을 숨기려다가 일이 더 커져 버렸어.

호미로 막을 것을 가래로 막는다 ○
소 잃고 외양간 고친다

2 빈칸에 들어갈 알맞은 말을 쓰세요.

하진이는 휴대폰에 케이스를 씌우지 않은 채 늘 손에 들고 다녔다. 그러다 떨어뜨려 화면이 깨지고 나서야 케이스를 씌웠다. " **소** 잃고 외양간 고친다더니 딱 내 얘기네." 하고 후회했다.

50

9일차

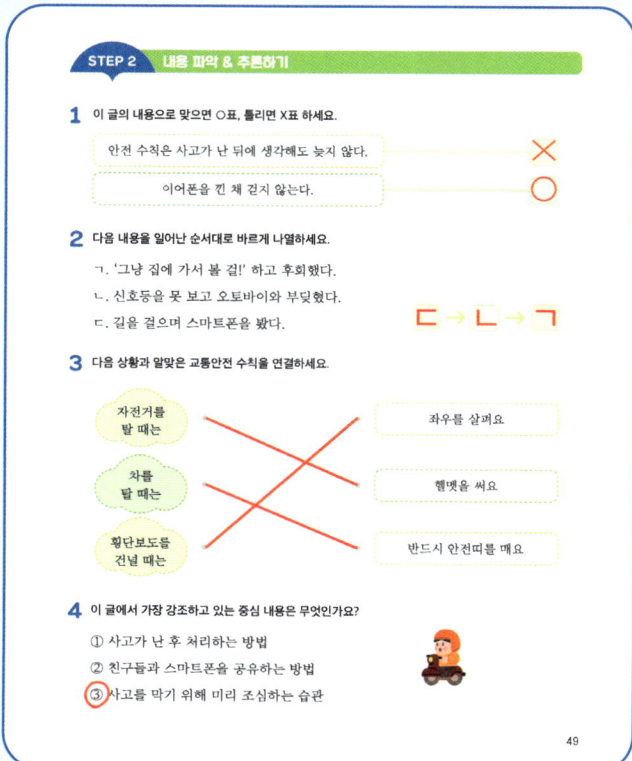

1 이 글의 내용으로 맞으면 ○표, 틀리면 X표 하세요.

안전 수칙은 사고가 난 뒤에 생각해도 늦지 않다. X

이어폰을 낀 채 걷지 않는다. ○

2 다음 내용을 일어난 순서대로 바르게 나열하세요.

ㄱ. '그냥 집에 가서 볼 걸!' 하고 후회했다.
ㄴ. 신호등을 못 보고 오토바이와 부딪혔다.
ㄷ. 길을 걸으며 스마트폰을 봤다.

ㄷ → ㄴ → ㄱ

3 다음 상황과 알맞은 교통안전 수칙을 연결하세요.

자전거를 탈 때는 — 좌우를 살펴요
차를 탈 때는 — 헬멧을 써요
횡단보도를 건널 때는 — 반드시 안전띠를 매요

4 이 글에서 가장 강조하고 있는 중심 내용은 무엇인가요?

① 사고가 난 후 처리하는 방법
② 친구들과 스마트폰을 공유하는 방법
③ 사고를 막기 위해 미리 조심하는 습관

49

10일차

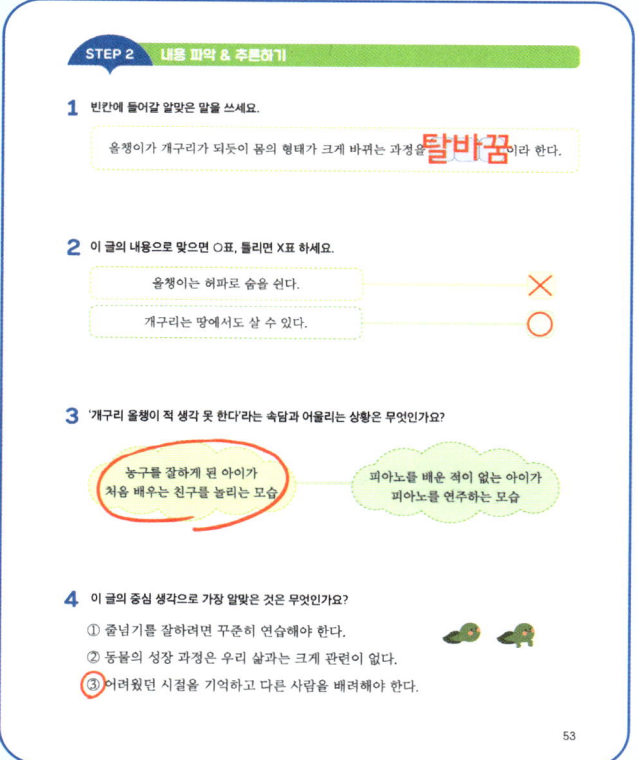

1 빈칸에 들어갈 알맞은 말을 쓰세요.

올챙이가 개구리가 되듯이 몸의 형태가 크게 바뀌는 과정을 **탈바꿈** 이라 한다.

2 이 글의 내용으로 맞으면 ○표, 틀리면 X표 하세요.

올챙이는 허파로 숨을 쉰다. X

개구리는 땅에서도 살 수 있다. ○

3 '개구리 올챙이 적 생각 못 한다'라는 속담과 어울리는 상황은 무엇인가요?

농구를 잘하게 된 아이가 처음 배우는 친구를 놀리는 모습
피아노를 배운 적이 없는 아이가 피아노를 연주하는 모습

4 이 글의 중심 생각으로 가장 알맞은 것은 무엇인가요?

① 줄넘기를 잘하려면 꾸준히 연습해야 한다.
② 동물의 성장 과정은 우리 삶과는 크게 관련이 없다.
③ 어려웠던 시절을 기억하고 다른 사람을 배려해야 한다.

53

Test

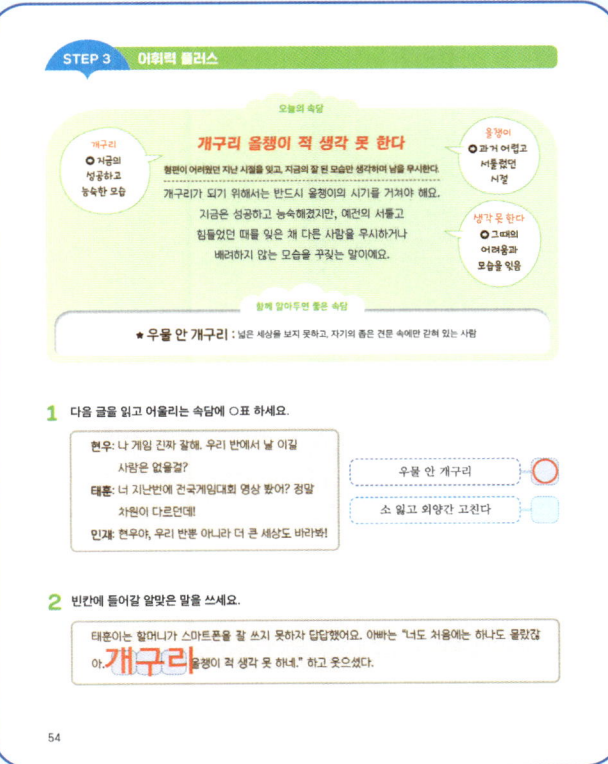

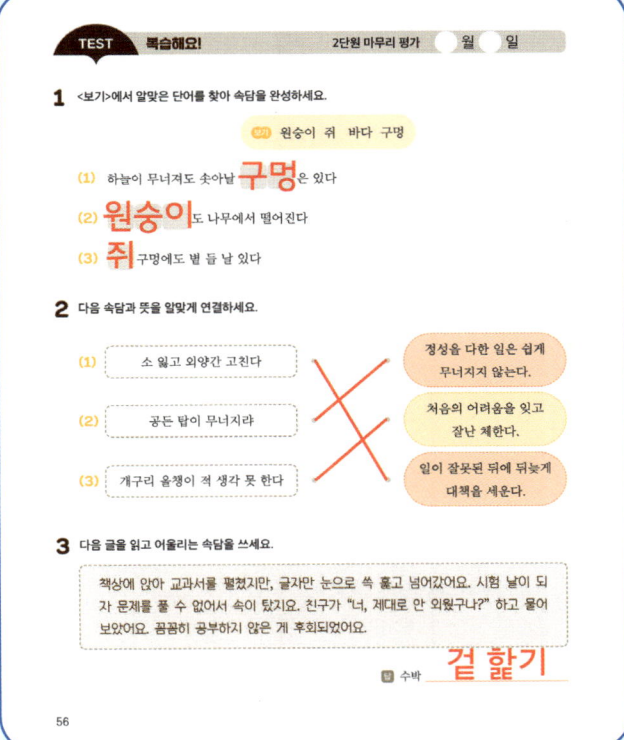

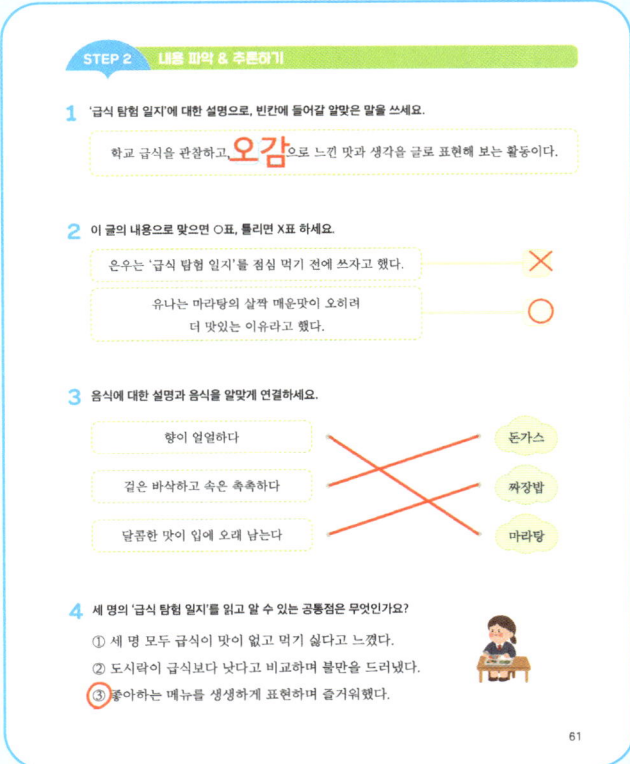

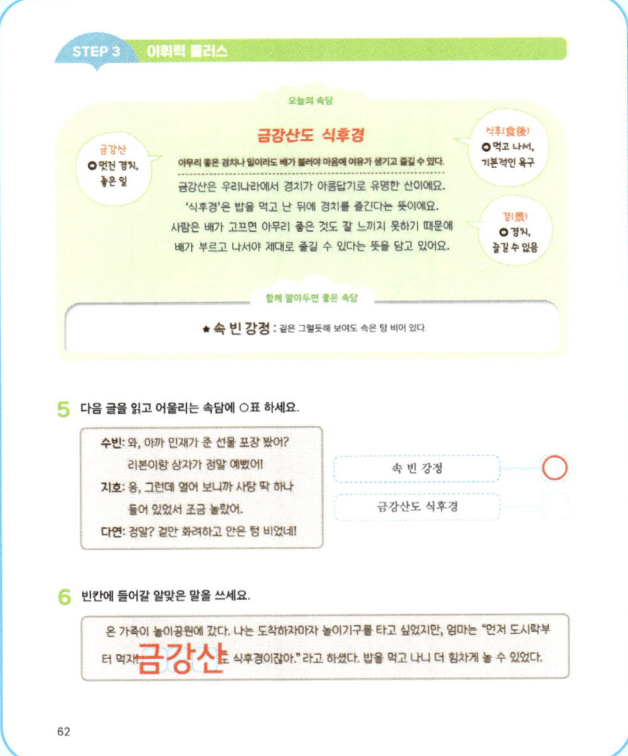

12일차

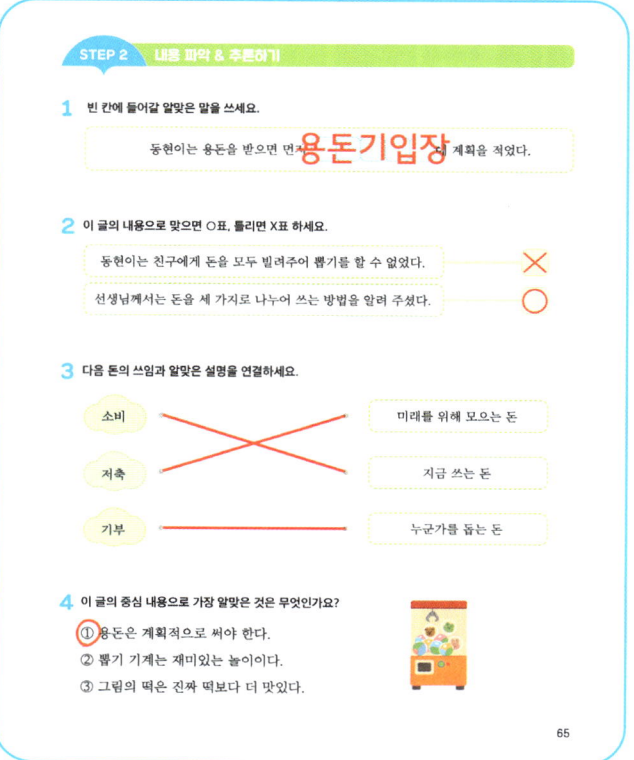

1 빈 칸에 들어갈 알맞은 말을 쓰세요.

> 동현이는 용돈을 받으면 먼저 **용돈기입장** 계획을 적었다.

2 이 글의 내용으로 맞으면 ○표, 틀리면 X표 하세요.

> 동현이는 친구에게 돈을 모두 빌려주어 뽑기를 할 수 없었다. ✕
>
> 선생님께서는 돈을 세 가지로 나누어 쓰는 방법을 알려 주셨다. ○

3 다음 돈의 쓰임과 알맞은 설명을 연결하세요.

소비 — 지금 쓰는 돈
저축 — 미래를 위해 모으는 돈
기부 — 누군가를 돕는 돈

4 이 글의 중심 내용으로 가장 알맞은 것은 무엇인가요?
① 용돈은 계획적으로 써야 한다.
② 뽑기 기계는 재미있는 놀이이다.
③ 그림의 떡은 진짜 떡보다 더 맛있다.

65

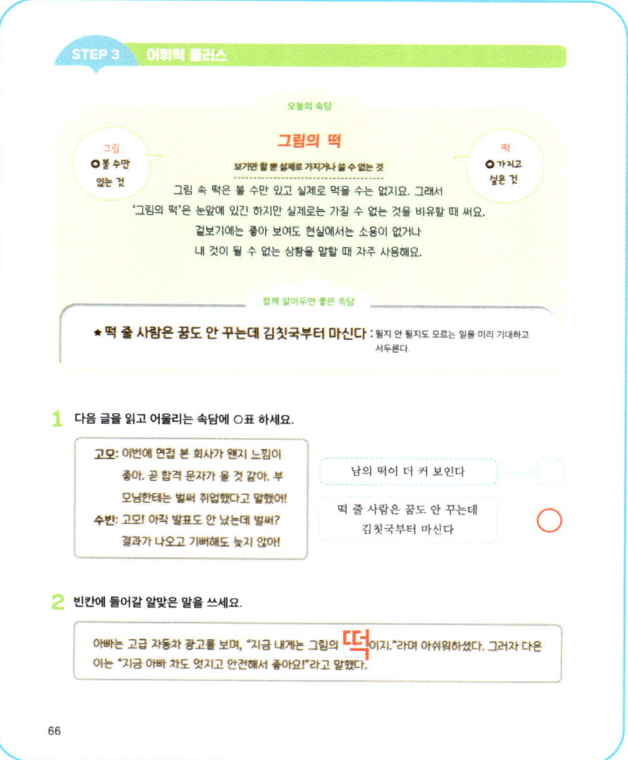

오늘의 속담

그림 — ○볼 수만 있는 것

그림의 떡

보기만 할 뿐 실제로 가지거나 쓸 수 없는 것

떡 — ○가지고 싶은 것

그림 속 떡은 볼 수만 있고 실제로 먹을 수는 없지요. 그래서
'그림의 떡'은 눈앞에 있긴 하지만 실제로는 가질 수 없는 것을 비유할 때 써요.
겉보기에는 좋아 보여도 현실에서는 소용이 없거나
내 것이 될 수 없는 상황을 말할 때 자주 사용해요.

함께 알아두면 좋은 속담

★ 떡 줄 사람은 꿈도 안 꾸는데 김칫국부터 마신다 : 될지 안 될지도 모르는 일을 미리 기대하고
서두른다.

1 다음 글을 읽고 어울리는 속담에 ○표 하세요.

> 고모: 이번에 면접 본 회사가 왠지 느낌이
> 좋아. 곧 합격 문자가 올 것 같아. 부
> 모님한테는 벌써 취업했다고 말했어!
> 수빈: 고모! 아직 발표도 안 났는데 벌써?
> 결과가 나오고 기뻐해도 늦지 않아!

남의 떡이 더 커 보인다

떡 줄 사람은 꿈도 안 꾸는데
김칫국부터 마신다 ○

2 빈칸에 들어갈 알맞은 말을 쓰세요.

> 아빠는 고급 자동차 광고를 보며, "지금 내게는 그림의 **떡**이지."라며 아쉬워하셨다. 그러자 다은
> 이는 "지금 아빠 차도 멋지고 안전해서 좋아요!"라고 말했다.

66

13일차

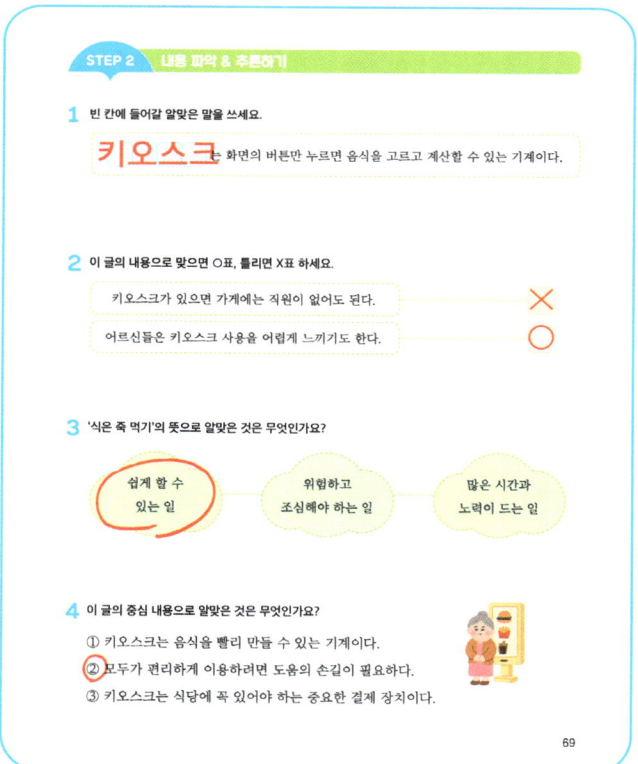

1 빈 칸에 들어갈 알맞은 말을 쓰세요.

> **키오스크**는 화면의 버튼만 누르면 음식을 고르고 계산할 수 있는 기계이다.

2 이 글의 내용으로 맞으면 ○표, 틀리면 X표 하세요.

> 키오스크가 있으면 가게에는 직원이 없어도 된다. ✕
>
> 어르신들은 키오스크 사용을 어렵게 느끼기도 한다. ○

3 '식은 죽 먹기'의 뜻으로 알맞은 것은 무엇인가요?

쉽게 할 수 있는 일 / 위험하고 조심해야 하는 일 / 많은 시간과 노력이 드는 일

4 이 글의 중심 내용으로 알맞은 것은 무엇인가요?
① 키오스크는 음식을 빨리 만들 수 있는 기계이다.
② 모두가 편리하게 이용하려면 도움의 손길이 필요하다.
③ 키오스크는 식당에 꼭 있어야 하는 중요한 결제 장치이다.

69

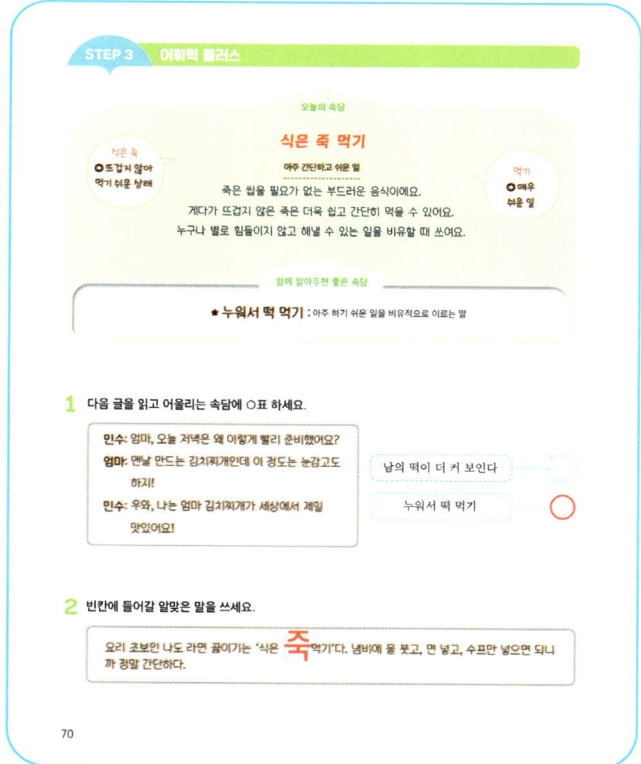

오늘의 속담

식은 죽 — ○뜨겁지 않아 먹기 쉬운 상태

식은 죽 먹기

아주 간단하고 쉬운 일

먹기 — ○매우 쉬운 일

죽은 씹을 필요가 없는 부드러운 음식이에요.
게다가 뜨겁지 않은 죽은 더욱 쉽고 간단히 먹을 수 있어요.
누구나 별로 힘들이지 않고 해낼 수 있는 일을 비유할 때 쓰여요.

함께 알아두면 좋은 속담

★ 누워서 떡 먹기 : 아주 하기 쉬운 일을 비유적으로 이르는 말

1 다음 글을 읽고 어울리는 속담에 ○표 하세요.

> 민수: 엄마, 오늘 저녁은 왜 이렇게 빨리 준비했어요?
> 엄마: 맨날 만드는 김치찌개인데 이 정도는 눈감고도
> 하지!
> 민수: 우와, 나는 엄마 김치찌개가 세상에서 제일
> 맛있어요!

남의 떡이 더 커 보인다

누워서 떡 먹기 ○

2 빈칸에 들어갈 알맞은 말을 쓰세요.

> 요리 초보인 나도 라면 끓이기는 '식은 **죽** 먹기'다. 냄비에 물 붓고, 면 넣고, 수프만 넣으면 되니
> 까 정말 간단하다.

70

14일차

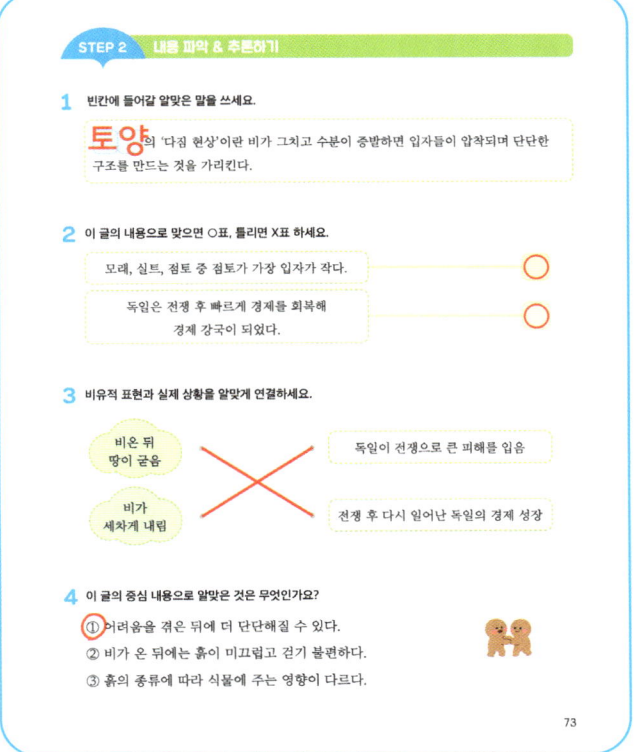

STEP 2 내용 파악 & 추론하기

1 빈칸에 들어갈 알맞은 말을 쓰세요.

토양의 '다짐 현상'이란 비가 그치고 수분이 증발하면 입자들이 압착되며 단단한 구조를 만드는 것을 가리킨다.

2 이 글의 내용으로 맞으면 ○표, 틀리면 X표 하세요.

모래, 실트, 점토 중 점토가 가장 입자가 작다. ○

독일은 전쟁 후 빠르게 경제를 회복해 경제 강국이 되었다. ○

3 비유적 표현과 실제 상황을 알맞게 연결하세요.

- 비온 뒤 땅이 굳음 ✕ 독일이 전쟁으로 큰 피해를 입음
- 비가 세차게 내림 ✕ 전쟁 후 다시 일어난 독일의 경제 성장

4 이 글의 중심 내용으로 알맞은 것은 무엇인가요?

① 어려움을 겪은 뒤에 더 단단해질 수 있다.
② 비가 온 뒤에는 흙이 미끄럽고 걷기 불편하다.
③ 흙의 종류에 따라 식물에 주는 영향이 다르다.

73

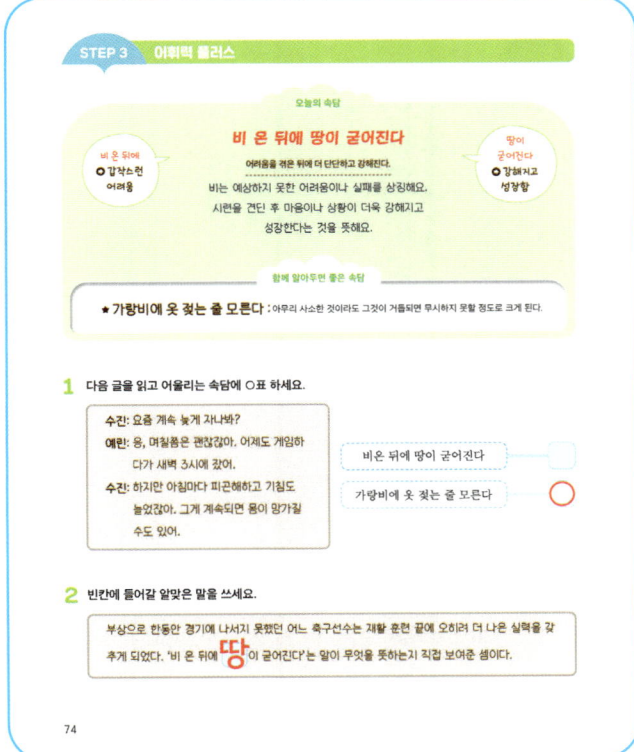

STEP 3 어휘력 플러스

오늘의 속담

비 온 뒤에 땅이 굳어진다

어려움을 겪은 뒤에 더 단단하고 강해진다.

비 온 뒤에 ○갑작스런 어려움

땅이 굳어진다 ○강해지고 성장함

비는 예상하지 못한 어려움이나 실패를 상징해요. 시련을 견딘 후 마음이나 상황이 더욱 강해지고 성장한다는 것을 뜻해요.

함께 알아두면 좋은 속담

★ **가랑비에 옷 젖는 줄 모른다** : 아무리 사소한 것이라도 그것이 거듭되면 무시하지 못할 정도로 크게 된다.

1 다음 글을 읽고 어울리는 속담에 ○표 하세요.

수진: 요즘 계속 늦게 자나봐?
예린: 응, 며칠 동안 괜찮았어. 어제도 게임하다가 새벽 3시에 잤어.
수진: 하지만 아침마다 피곤해하고 기침도 늘었잖아. 그게 계속되면 몸이 망가질 수도 있어.

비 온 뒤에 땅이 굳어진다

가랑비에 옷 젖는 줄 모른다 ○

2 빈칸에 들어갈 알맞은 말을 쓰세요.

부상으로 한동안 경기에 나서지 못했던 어느 축구선수는 재활 훈련 끝에 오히려 더 나은 실력을 갖추게 되었다. '비 온 뒤에 **땅**이 굳어진다'는 말이 무엇을 뜻하는지 직접 보여준 셈이다.

74

15일차

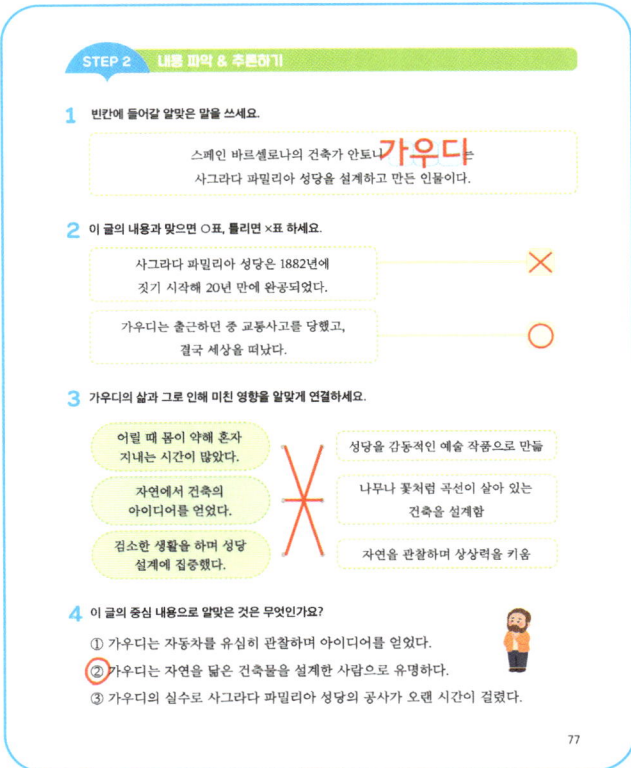

STEP 2 내용 파악 & 추론하기

1 빈칸에 들어갈 알맞은 말을 쓰세요.

스페인 바르셀로나의 건축가 안토니 **가우디**는 사그라다 파밀리아 성당을 설계하고 만든 인물이다.

2 이 글의 내용과 맞으면 ○표, 틀리면 X표 하세요.

사그라다 파밀리아 성당은 1882년에 짓기 시작해 20년 만에 완공되었다. ✕

가우디는 출근하던 중 교통사고를 당했고, 결국 세상을 떠났다. ○

3 가우디의 삶과 그로 인해 미친 영향을 알맞게 연결하세요.

- 어릴 때 몸이 약해 혼자 지내는 시간이 많았다. → 성당을 감동적인 예술 작품으로 만듦
- 자연에서 건축의 아이디어를 얻었다. ✕ 나무나 꽃처럼 곡선이 살아 있는 건축을 설계함
- 검소한 생활을 하며 성당 설계에 집중했다. → 자연을 관찰하며 상상력을 키움

4 이 글의 중심 내용으로 알맞은 것은 무엇인가요?

① 가우디는 자동차를 유심히 관찰하며 아이디어를 얻었다.
② 가우디는 자연을 닮은 건축물을 설계한 사람으로 유명하다.
③ 가우디의 실수로 사그라다 파밀리아 성당의 공사가 오랜 시간이 걸렸다.

77

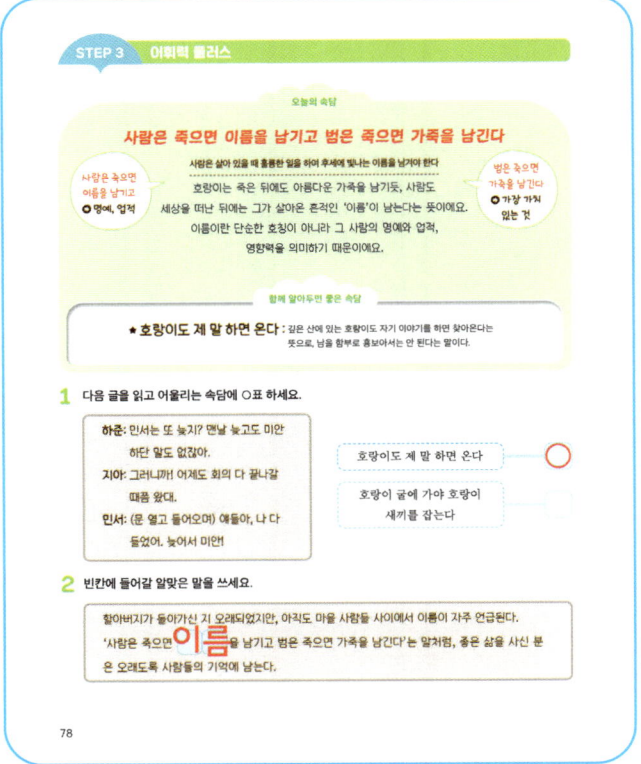

STEP 3 어휘력 플러스

오늘의 속담

사람은 죽으면 이름을 남기고 범은 죽으면 가죽을 남긴다

사람은 살아 있을 때 훌륭한 일을 하여 후세에 빛나는 이름을 남겨야 한다

사람은 죽으면 이름을 남기고 ○명예, 업적

범은 죽으면 가죽을 남긴다 ○가장 가치 있는 것

호랑이는 죽은 뒤에 아름다운 가죽을 남기듯, 사람도 세상을 떠난 뒤에는 그가 살아온 흔적인 '이름'이 남는다는 뜻이에요. 이름이란 단순한 호칭이 아니라 그 사람의 명예와 업적, 영향력을 의미하기 때문이에요.

함께 알아두면 좋은 속담

★ **호랑이도 제 말 하면 온다** : 깊은 산에 있는 호랑이도 자기 이야기를 하면 찾아온다는 뜻으로, 남을 함부로 흉보아서는 안 된다는 말이다.

1 다음 글을 읽고 어울리는 속담에 ○표 하세요.

하준: 민서는 또 늦지? 맨날 늦고도 미안하단 말도 없잖아.
지아: 그러니까! 어제도 회의 다 끝나갈 때쯤 왔다.
민서: (문 열고 들어오며) 얘들아, 나 다 들었어. 늦어서 미안!

호랑이도 제 말 하면 온다 ○

호랑이 굴에 가야 호랑이 새끼를 잡는다

2 빈칸에 들어갈 알맞은 말을 쓰세요.

할아버지가 돌아가신 지 오래되었지만, 아직도 마을 사람들 사이에서 이름이 자주 언급된다. '사람은 죽으면 **이름**을 남기고 범은 죽으면 가죽을 남긴다'는 말처럼, 좋은 삶을 사신 분은 오래도록 사람들의 기억에 남는다.

78

Test

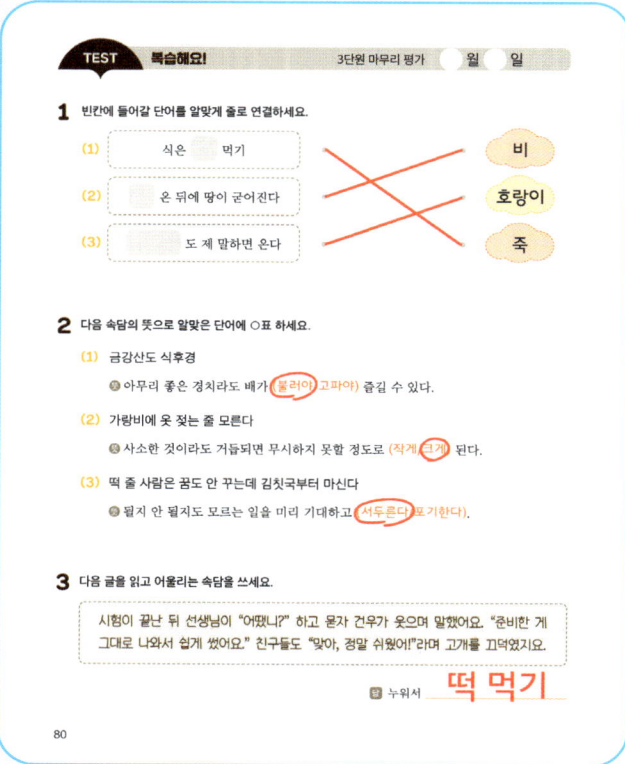

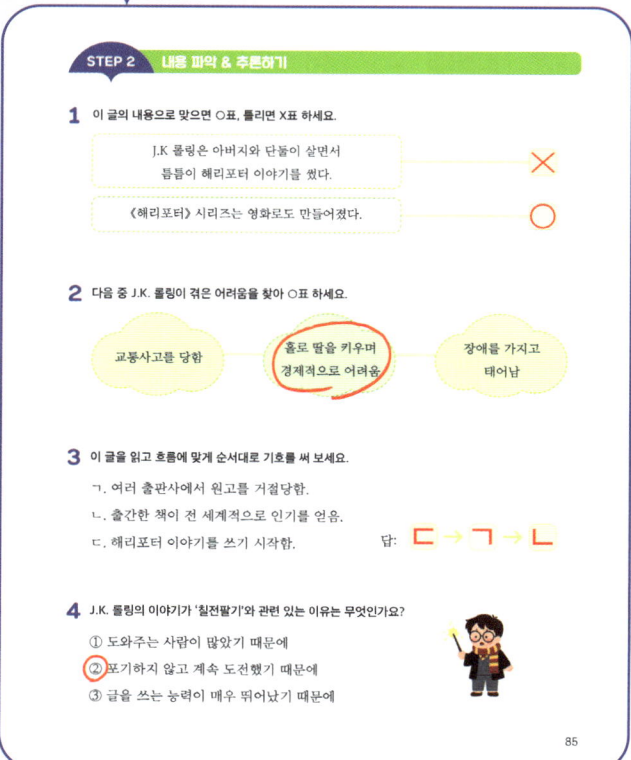

17일차

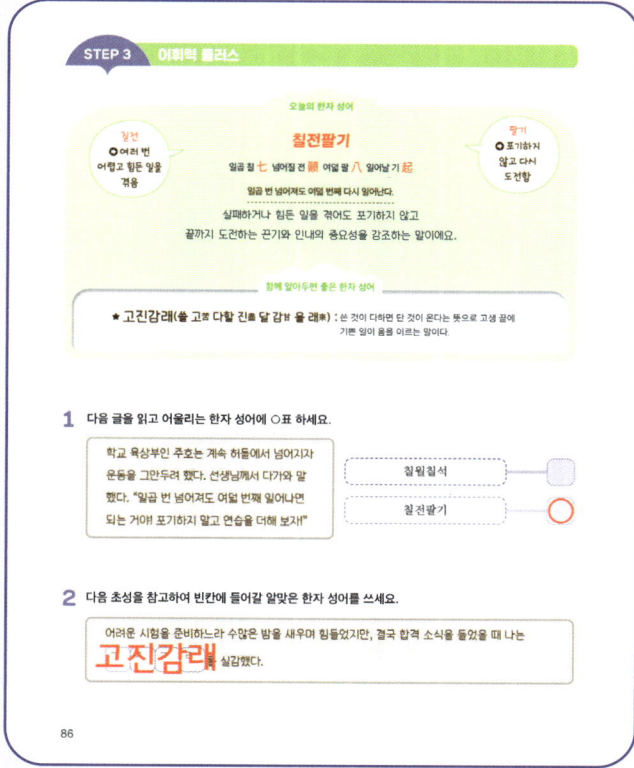

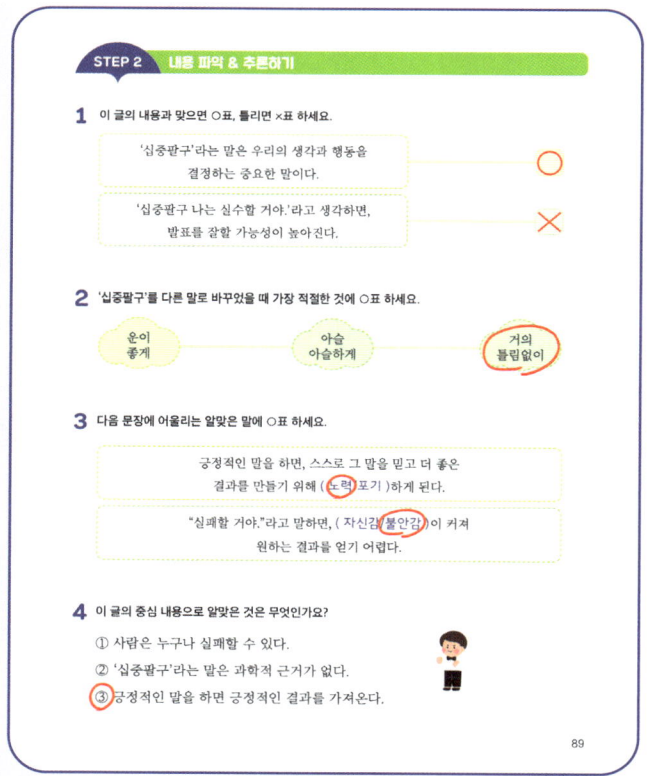

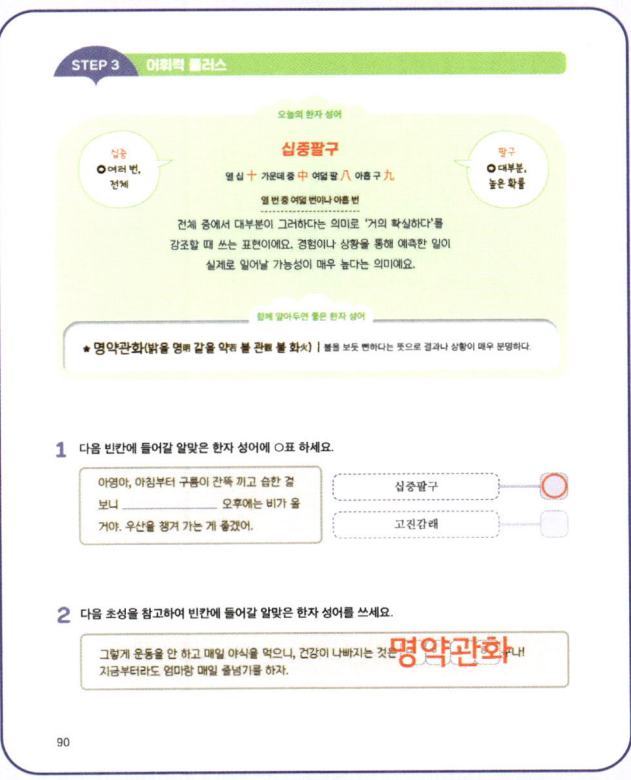

STEP 3 어휘력 플러스

오늘의 한자 성어

십중팔구

실십 ◯여러 번, 전체

열 십 十 가운데 중 中 여덟 팔 八 아홉 구 九

팔구 ◯대부분, 높은 확률

열 번 중 여덟 번이나 아홉 번

전체 중에서 대부분이 그러하는 의미로 '거의 확실하다'를
강조할 때 쓰는 표현이에요. 경험이나 상황을 통해 예측한 일이
실제로 일어날 가능성이 매우 높다는 의미예요.

함께 알아두면 좋은 한자 성어

★ 명약관화(밝을 명 明 같을 약 若 볼 관 觀 불 화 火) | 불을 보듯 뻔하다는 뜻으로 결과나 상황이 매우 분명하다.

1 다음 빈칸에 들어갈 알맞은 한자 성어에 ◯표 하세요.

아영아, 아침부터 구름이 잔뜩 끼고 습한 걸
보니 _____ 오후에는 비가 올
거야. 우산을 챙겨 가는 게 좋겠어.

십중팔구 ◯
고진감래

2 다음 초성을 참고하여 빈칸에 들어갈 알맞은 한자 성어를 쓰세요.

그렇게 운동을 안 하고 매일 야식을 먹으니, 건강이 나빠지는 것은 **명약관화** 내
지금부터라도 엄마랑 매일 줄넘기를 하자.

90

STEP 2 내용 파악 & 추론하기

1 빈칸에 들어갈 알맞은 말을 쓰세요.

한국 **양궁** 은 철저한 훈련과 공정한 선발 과정을 통해
세계 최정상의 자리를 지켜왔다.

2 이 글의 내용과 맞으면 ◯표, 틀리면 ✕표 하세요.

한국 양궁 선수들은 비용을 아끼기 위해
최소한의 화살만 쏘며 훈련한다. ✕

한국 양궁의 대표 선발은 과거의 기록보다
현재 실력을 중요하게 여긴다. ◯

3 다음 중 '공정한 선발 과정'에서 '공정한'의 의미로 가장 적절한 것에 ◯표 하세요.

기회를
고르게 주는 ◯

자유롭게
진행하는

규칙이
아주 엄격한

4 이 글의 중심 내용으로 알맞은 것은 무엇인가요?

① 한국 양궁은 과거에 비해 발전하지 못하고 있다.
② 한국 양궁은 오랫동안 같은 선수가 대표로 활동하고 있다.
③ 한국 양궁 실력은 꾸준한 훈련과 공정한 선발에서 비롯된다. ◯

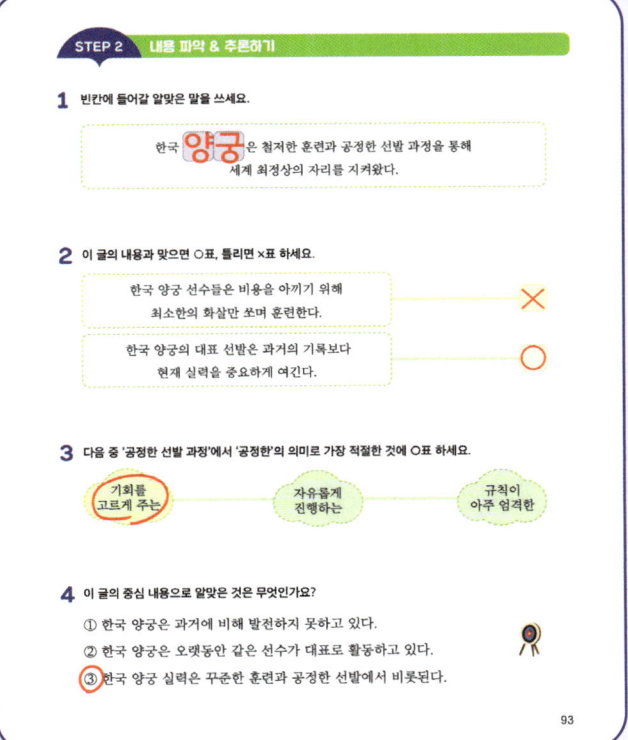

93

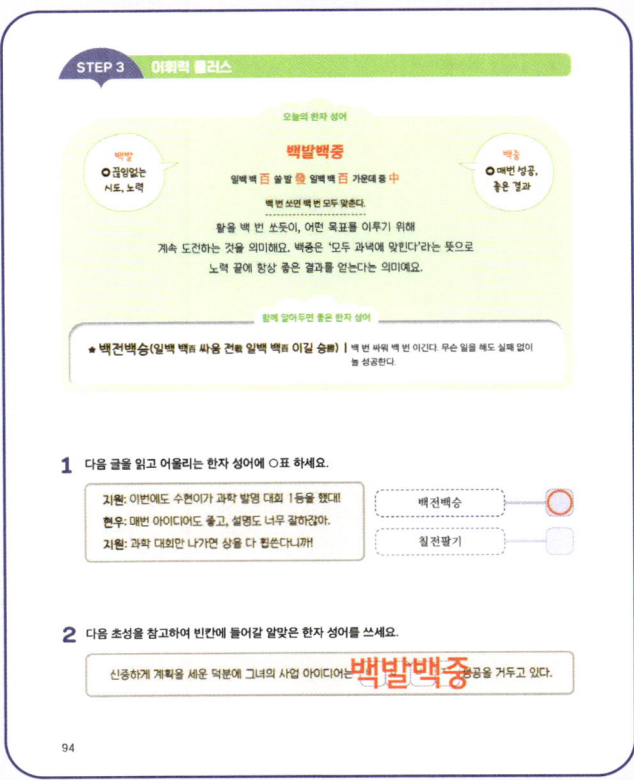

STEP 3 어휘력 플러스

오늘의 한자 성어

백발백중

백발 ◯끊임없는 시도, 노력

일백 백 百 쏠 발 發 일백 백 百 가운데 중 中

백중 ◯매번 성공, 좋은 결과

백 번 쏘아 백 번 모두 맞추다

활을 백 번 쏘듯이, 어떤 목표를 이루기 위해
계속 도전하는 것을 의미해요. 백중은 '모두 과녁에 맞힌다'라는 뜻으로
노력 끝에 항상 좋은 결과를 얻는다는 의미예요.

함께 알아두면 좋은 한자 성어

★ 백전백승(일백 백 百 싸움 전 戰 일백 백 百 이길 승 勝) | 백 번 싸워 백 번 이긴다. 무슨 일을 해도 실패 없이 늘 성공한다.

1 다음 글을 읽고 어울리는 한자 성어에 ◯표 하세요.

지원: 이번에도 수현이가 과학 발명 대회 1등을 했대!
현우: 매번 아이디어도 좋고, 설명도 너무 잘하잖아.
지원: 과학 대회만 나가면 상을 다 휩쓴다니까!

백전백승 ◯
칠전팔기

2 다음 초성을 참고하여 빈칸에 들어갈 알맞은 한자 성어를 쓰세요.

신중하게 계획을 세운 덕분에 그녀의 사업 아이디어는 **백발백중** 성공을 거두고 있다.

94

STEP 2 내용 파악 & 추론하기

1 이 글의 내용과 맞으면 ◯표, 틀리면 ✕표 하세요.

1+1 상품은 소비자만 이익을 보는 행사다. ✕

행사 상품은 주로 소비기한이 지난 상품을 판매한다. ✕

2 다음 중 '1+1'과 같은 행사를 하는 이유가 아닌 것을 찾아 ◯표 하세요.

물건을 제대로
만들지 않아서 ◯

물건을 많이
팔기 위해서

재고를 빨리
정리하기 위해서

3 이 글을 읽고 흐름에 맞게 순서대로 기호를 써 보세요.

ㄱ. 사람들이 새로운 상품을 한 번쯤 먹어본다.
ㄴ. 입소문이 나고, 나중에는 정가를 주고도 산다.
ㄷ. 상품을 1+1으로 판다.

답: ㄷ → ㄱ → ㄴ

4 이 글에서 민지가 '일석이조'라고 말한 이유는 무엇인가요?

① 평소보다 가격이 비싸서
② 준호가 좋아하는 우유였기 때문에
③ 하나만 사도 두 개를 얻을 수 있어서 ◯

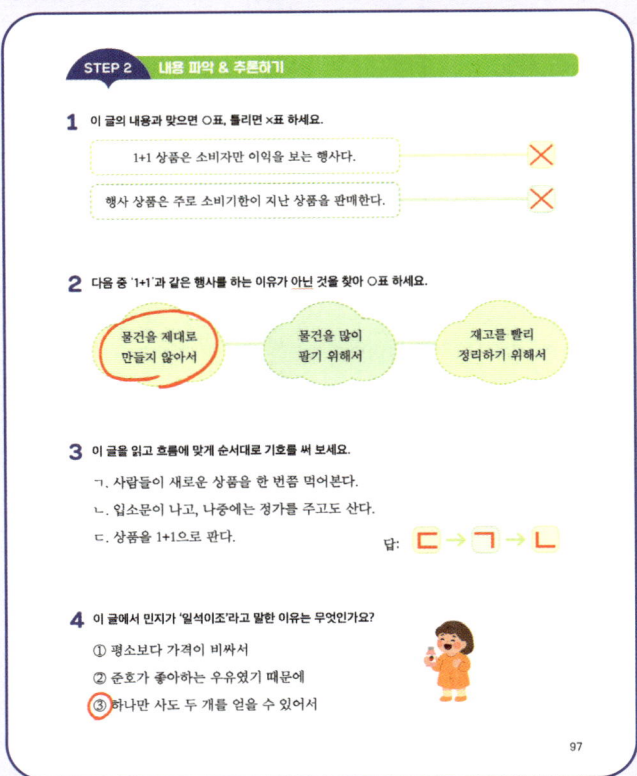

97

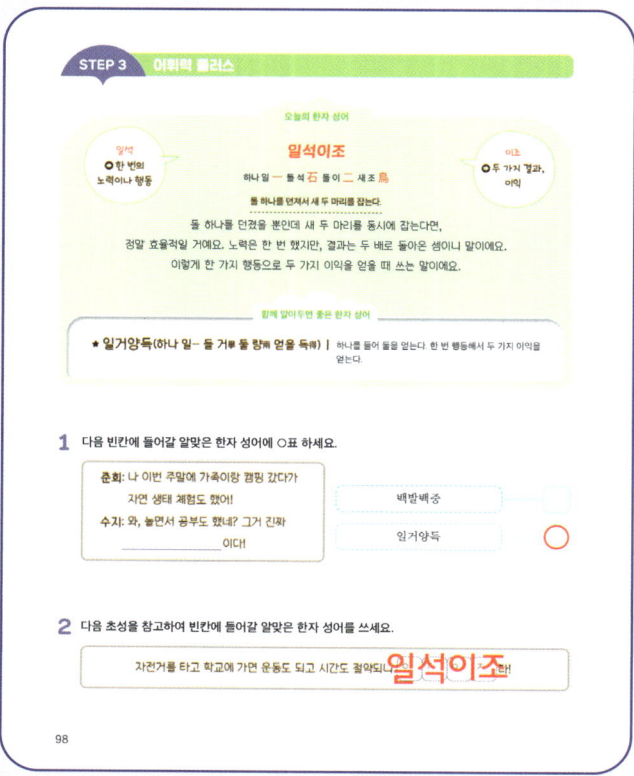

STEP 3 어휘력 플러스

오늘의 한자 성어

일석이조

하나 일 一 · 돌 석 石 · 두 이 二 · 새 조 鳥

일석
○ 한 번의 노력이나 행동

이조
○ 두 가지 결과, 이익

돌 하나를 던져서 새 두 마리를 잡는다.

돌 하나를 던졌을 뿐인데 새 두 마리를 동시에 잡는다면,
정말 효율적일 거예요. 노력은 한 번 했지만, 결과는 두 배로 돌아온 셈이니 말이에요.
이렇게 한 가지 행동으로 두 가지 이익을 얻을 때 쓰는 말이에요.

함께 알아두면 좋은 한자 성어

★ 일거양득(하나 일 一· 들 거 擧· 둘 량 兩· 얻을 득 得) | 하나를 들어 둘을 얻는다. 한 번 행동에서 두 가지 이익을 얻는다.

1 다음 빈칸에 들어갈 알맞은 한자 성어에 ○표 하세요.

> 준희: 나 이번 주말에 가족이랑 캠핑 갔다가
> 자연 생태 체험도 했어!
> 수지: 와, 놀면서 공부도 했네? 그거 진짜
> _____이다!

백발백중

일거양득 ○

2 다음 초성을 참고하여 빈칸에 들어갈 알맞은 한자 성어를 쓰세요.

> 자전거를 타고 학교에 가면 운동도 되고 시간도 절약되니 **일석이조**네!

98

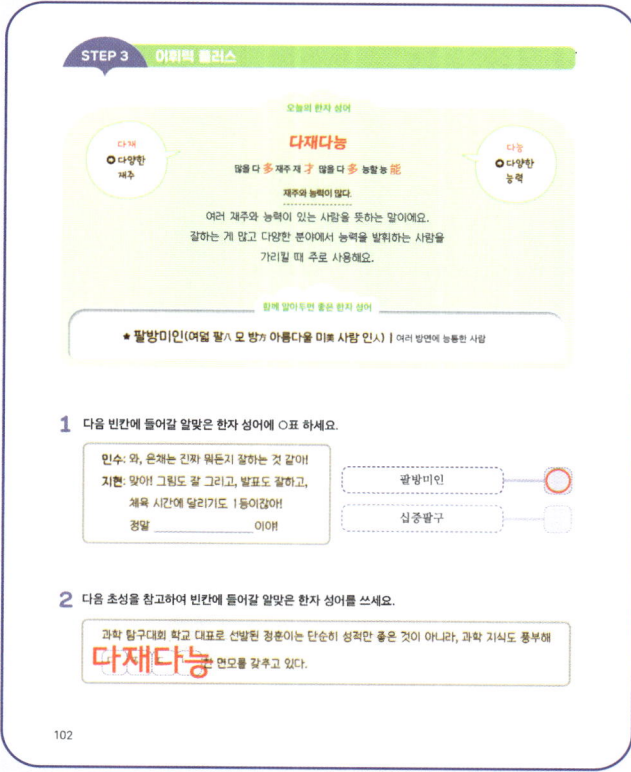

STEP 3 어휘력 플러스

오늘의 한자 성어

다재다능

많을 다 多· 재주 재 才· 많을 다 多· 능할 능 能

다재
○ 다양한 재주

다능
○ 다양한 능력

재주와 능력이 많다.

여러 재주와 능력이 있는 사람을 뜻하는 말이에요.
잘하는 게 많고 다양한 분야에서 능력을 발휘하는 사람을
가리킬 때 주로 사용해요.

함께 알아두면 좋은 한자 성어

★ 팔방미인(여덟 팔 八· 모 방 方· 아름다울 미 美· 사람 인 人) | 여러 방면에 능통한 사람

1 다음 빈칸에 들어갈 알맞은 한자 성어에 ○표 하세요.

> 인수: 와, 은채는 진짜 뭔든지 잘하는 것 같아!
> 지환: 맞아! 그림도 잘 그리고, 발표도 잘하고,
> 체육 시간에 달리기도 1등이잖아!
> 정말 _____이야!

팔방미인 ○

십중팔구

2 다음 초성을 참고하여 빈칸에 들어갈 알맞은 한자 성어를 쓰세요.

> 과학 탐구대회 학교 대표로 선발된 정훈이는 단순히 성적이 좋은 것이 아니라, 과학 지식도 풍부해 **다재다능** 면모를 갖추고 있다.

102

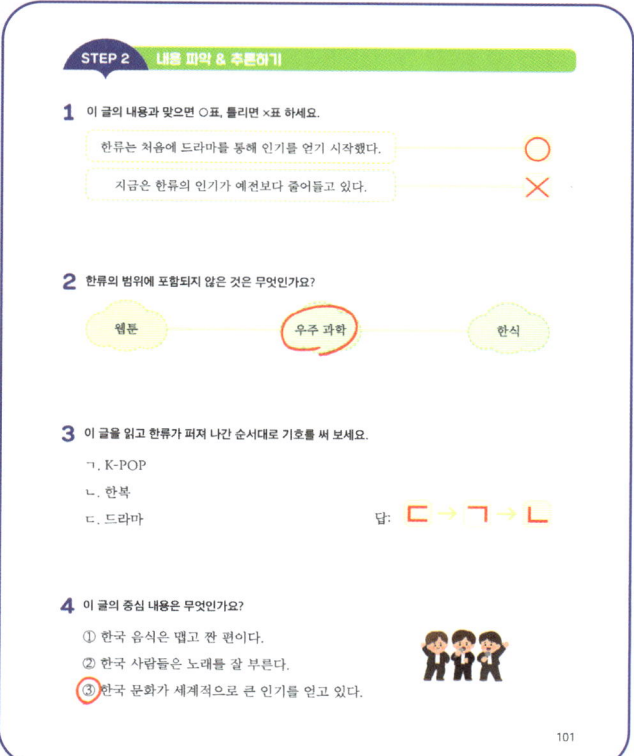

20일차

STEP 2 내용 파악 & 추론하기

1 이 글의 내용과 맞으면 ○표, 틀리면 ×표 하세요.

| 한류는 처음에 드라마를 통해 인기를 얻기 시작했다. | ○ |
| 지금은 한류의 인기가 예전보다 줄어들고 있다. | × |

2 한류의 범위에 포함되지 않은 것은 무엇인가요?

웹툰 — 우주 과학 ○ — 한식

3 이 글을 읽고 한류가 퍼져 나간 순서대로 기호를 써 보세요.

ㄱ. K-POP
ㄴ. 한복
ㄷ. 드라마

답: ㄷ → ㄱ → ㄴ

4 이 글의 중심 내용은 무엇인가요?

① 한국 음식은 맵고 짠 편이다.
② 한국 사람들은 노래를 잘 부른다.
③ 한국 문화가 세계적으로 큰 인기를 얻고 있다.

101

Test

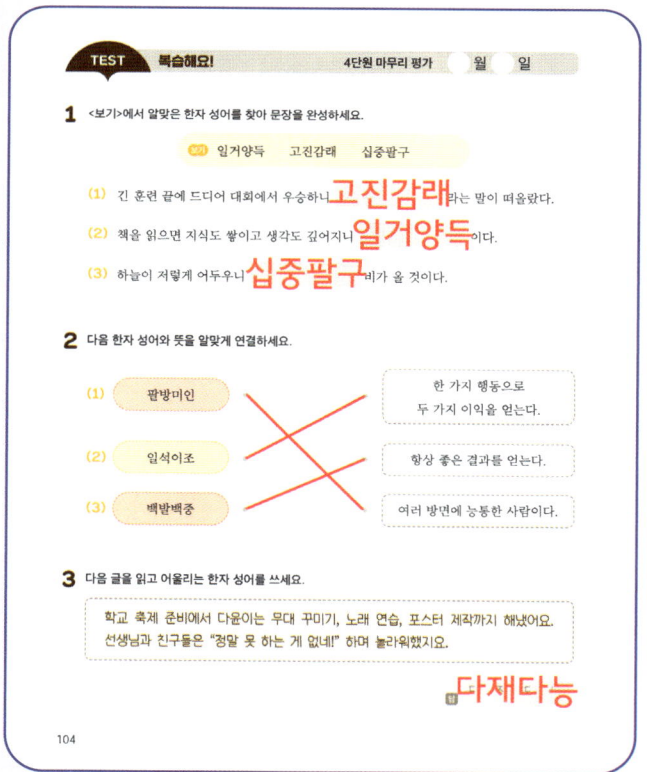

TEST 복습해요! 4단원 마무리 평가 월 일

1 <보기>에서 알맞은 한자 성어를 찾아 문장을 완성하세요.

> 보기 일거양득 고진감래 십중팔구

(1) 긴 훈련 끝에 드디어 대회에서 우승하니 **고진감래**라는 말이 떠올랐다.

(2) 책을 읽으면 지식도 쌓이고 생각도 깊어지니 **일거양득**이다.

(3) 하늘이 저렇게 어두우니 **십중팔구** 비가 올 것이다.

2 다음 한자 성어와 뜻을 알맞게 연결하세요.

(1) 팔방미인 — 한 가지 행동으로 두 가지 이익을 얻는다.
(2) 일석이조 — 항상 좋은 결과를 얻는다.
(3) 백발백중 — 여러 방면에 능통한 사람이다.

3 다음 글을 읽고 어울리는 한자 성어를 쓰세요.

> 학교 축제 준비에서 다윤이는 무대 꾸미기, 노래 연습, 포스터 제작까지 해냈어요.
> 선생님과 친구들은 "정말 못 하는 게 없네!" 하며 놀라워했지요.

답 **다재다능**

104

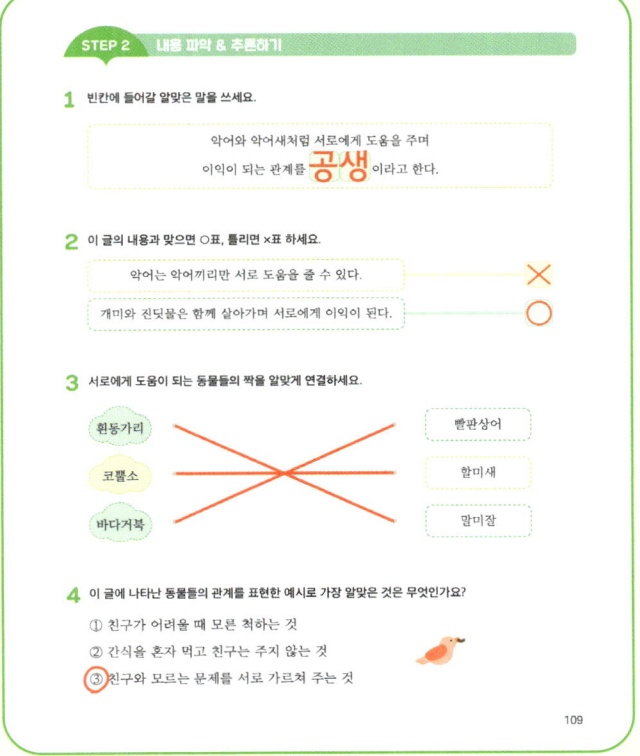

STEP 2 내용 파악 & 추론하기

1 빈칸에 들어갈 알맞은 말을 쓰세요.

악어와 악어새처럼 서로에게 도움을 주며
이익이 되는 관계를 **공생** 이라고 한다.

2 이 글의 내용과 맞으면 ○표, 틀리면 ×표 하세요.

악어는 악어끼리만 서로 도움을 줄 수 있다. ×
개미와 진딧물은 함께 살아가며 서로에게 이익이 된다. ○

3 서로에게 도움이 되는 동물들의 짝을 알맞게 연결하세요.

흰동가리 / 코뿔소 / 바다거북 — 빨판상어 / 할미새 / 말미잘

4 이 글에 나타난 동물들의 관계를 표현한 예시로 가장 알맞은 것은 무엇인가요?

① 친구가 어려울 때 모른 척하는 것
② 간식을 혼자 먹고 친구는 주지 않는 것
③ 친구와 모르는 문제를 서로 가르쳐 주는 것

109

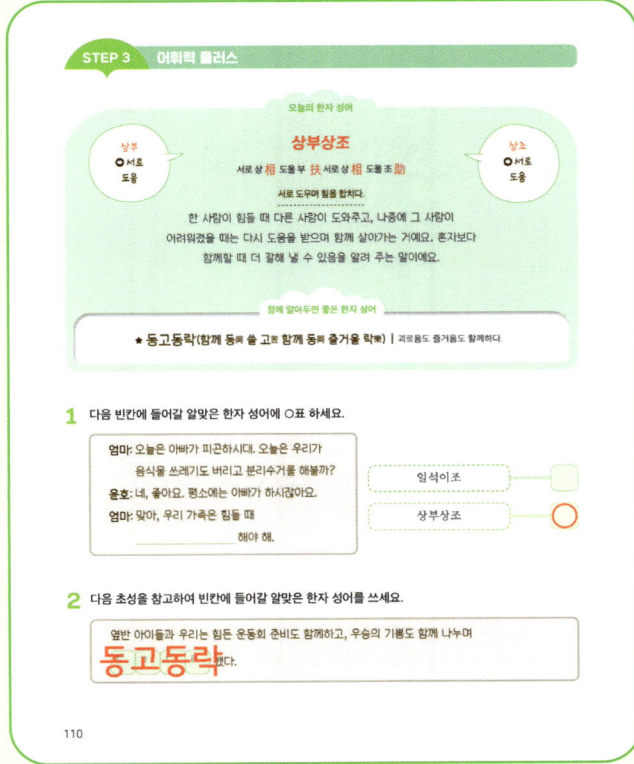

STEP 3 어휘력 플러스

오늘의 한자 성어

상부상조

상부: ○서로 도움 / 상조: ○서로 도움

서로 상 相 도울 부 扶 서로 상 相 도울 조 助

서로 도우며 힘을 합치다.

한 사람이 힘들 때 다른 사람이 도와주고, 나중에 그 사람이 어려워졌을 때는 다시 도움을 받으며 함께 살아가는 거예요. 혼자보다 함께할 때 더 잘해 낼 수 있음을 알려 주는 말이에요.

함께 알아두면 좋은 한자 성어

★ **동고동락**(함께 동 同 쓸 고 苦 함께 동 同 즐거울 락 樂) | 괴로움도 즐거움도 함께하다.

1 다음 빈칸에 들어갈 알맞은 한자 성어에 ○표 하세요.

엄마: 오늘은 아빠가 피곤하시대. 오늘은 우리가 음식물 쓰레기도 버리고 분리수거를 해볼까?
윤호: 네, 좋아요. 평소에는 아빠가 하시잖아요.
엄마: 맞아, 우리 가족은 힘들 때 ___ 해야 해.

일석이조 / 상부상조 ○

2 다음 초성을 참고하여 빈칸에 들어갈 알맞은 한자 성어를 쓰세요.

옆반 아이들과 우리는 힘든 운동회 준비도 함께하고, 우승의 기쁨도 함께 나누며 **동고동락**한다.

110

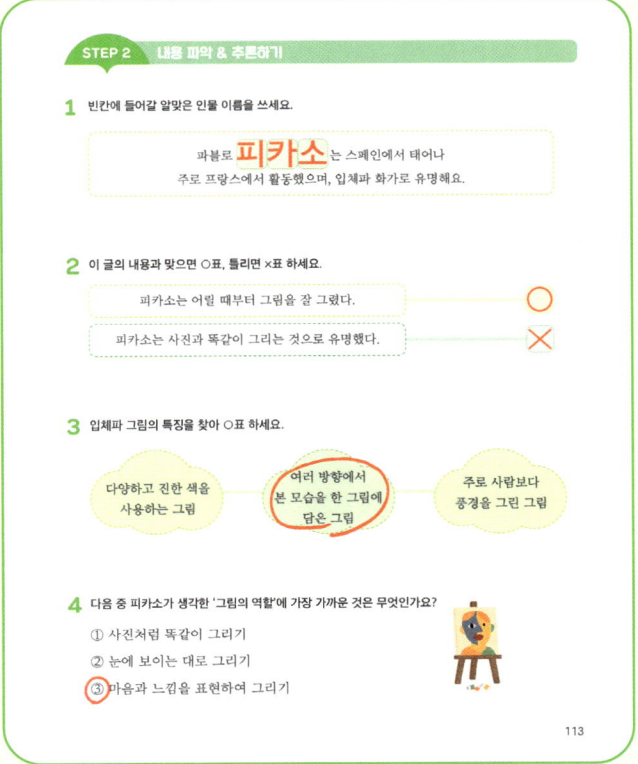

STEP 2 내용 파악 & 추론하기

1 빈칸에 들어갈 알맞은 인물 이름을 쓰세요.

파블로 **피카소** 는 스페인에서 태어나
주로 프랑스에서 활동했으며, 입체파 화가로 유명해요.

2 이 글의 내용과 맞으면 ○표, 틀리면 ×표 하세요.

피카소는 어릴 때부터 그림을 잘 그렸다. ○
피카소는 사진과 똑같이 그리는 것으로 유명했다. ×

3 입체파 그림의 특징을 찾아 ○표 하세요.

다양하고 진한 색을 사용하는 그림 / 여러 방향에서 본 모습을 한 그림에 담은 그림 / 주로 사람보다 풍경을 그린 그림

4 다음 중 피카소가 생각한 '그림의 역할'에 가장 가까운 것은 무엇인가요?

① 사진처럼 똑같이 그리기
② 눈에 보이는 대로 그리기
③ 마음과 느낌을 표현하여 그리기

113

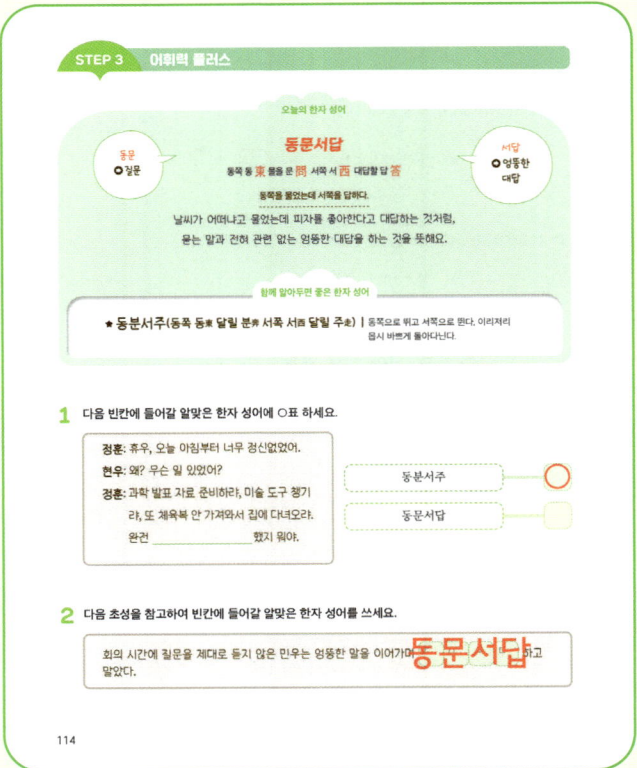

STEP 3 어휘력 플러스

오늘의 한자 성어

동문서답

동문: ○질문 / 서답: ○엉뚱한 대답

동녘 동 東 물을 문 問 서녘 서 西 대답할 답 答

동쪽을 물었는데 서쪽을 대답하다.

날씨가 어떠냐고 물었는데 피자를 좋아한다고 대답하는 것처럼, 묻는 말과 전혀 관련 없는 엉뚱한 대답을 하는 것을 뜻해요.

함께 알아두면 좋은 한자 성어

★ **동분서주**(동쪽 동 東 달릴 분 奔 서쪽 서 西 달릴 주 走) | 동쪽으로 뛰고 서쪽으로 뛴다. 이리저리 몹시 바쁘게 돌아다닌다.

1 다음 빈칸에 들어갈 알맞은 한자 성어에 ○표 하세요.

정훈: 휴우, 오늘 아침부터 너무 정신없었어.
현우: 왜? 무슨 일 있었어?
정훈: 과학 발표 자료 준비하랴, 미술 도구 챙기랴, 또 체육복 안 가져와서 집에 다녀오랴.
완권: ___ 했지 뭐야.

동분서주 ○ / 동문서답

2 다음 초성을 참고하여 빈칸에 들어갈 알맞은 한자 성어를 쓰세요.

회의 시간에 질문을 제대로 듣지 않은 민우는 엉뚱한 말을 이어가며 **동문서답**하고 말았다.

114

23일차

STEP 2 내용 파악 & 추론하기

1 빈칸에 들어갈 알맞은 말을 쓰세요.

> 쓸모없어진 물건에 새로운 아이디어를 더해,
> 더 가치 있는 물건으로 만드는 것을 **업사이클링** 이라고 한다.

2 이 글의 내용과 맞으면 ○표, 틀리면 ×표 하세요.

프라이탁은 스위스의 두 형제가 만든 브랜드이다. ○

버려진 물건으로 제품을 만들면 실제 사용할 수 없다. ×

3 이 글에 나온 '프라이탁' 제품의 특징을 찾아 ○표 하세요.

한정 상품으로 가격이 비싸다.

여성만을 위한 제품을 만든다.

버려진 물건으로 제품을 만든다. (○)

4 이 글의 중심 내용으로 알맞은 것은 무엇인가요?

① 최근 인기가 많아진 가방 브랜드를 소개했다.
② 쓸모없어진 물건에 가치를 더하는 업사이클링을 설명했다.
③ 환경 보호를 위해 분리수거를 더욱 철저히 해야 함을 강조했다.

117

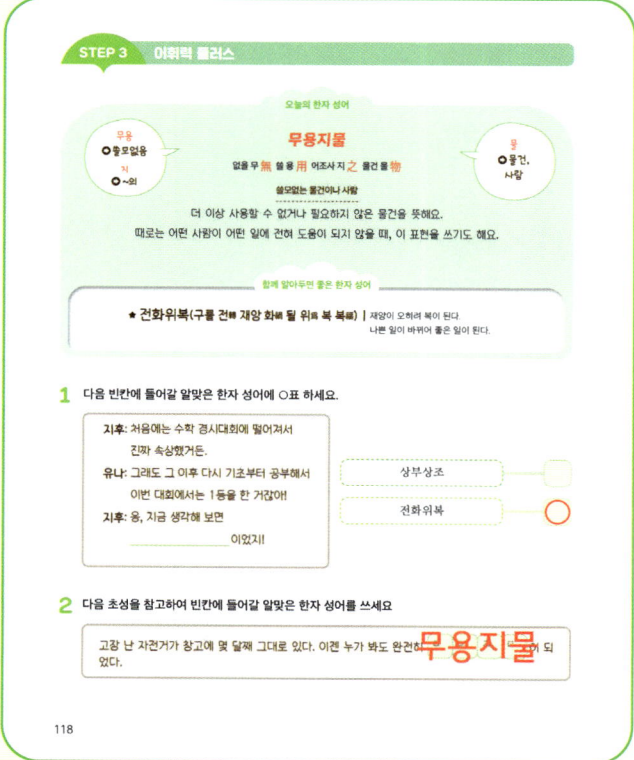

STEP 3 어휘력 플러스

오늘의 한자 성어

무용
○쓸모없음
지
○~의

무용지물

없을 무 無 쓸 용 用 어조사 지 之 물건 물 物

물
○물건, 사람

쓸모없는 물건이나 사람

더 이상 사용할 수 없거나 필요하지 않은 물건을 뜻해요.
때로는 어떤 사람이 어떤 일에 전혀 도움이 되지 않을 때, 이 표현을 쓰기도 해요.

함께 알아두면 좋은 한자 성어

★ 전화위복(구를 전轉 재앙 화禍 될 위爲 복 복福) | 재앙이 오히려 복이 된다.
나쁜 일이 바뀌어 좋은 일이 된다.

1 다음 빈칸에 들어갈 알맞은 한자 성어에 ○표 하세요.

지후: 처음에는 수학 경시대회에 떨어져서
  진짜 속상했거든.
유나: 그래도 그 이후 다시 기초부터 공부해서
  이번 대회에서는 1등을 한 거잖아!
지후: 응, 지금 생각해 보면
  _____ 이었지!

상부상조

전화위복 (○)

2 다음 초성을 참고하여 빈칸에 들어갈 알맞은 한자 성어를 쓰세요.

고장 난 자전거가 창고에 몇 달째 그대로 있다. 이건 누가 봐도 완전히 **무용지물** 이 되었다.

118

24일차

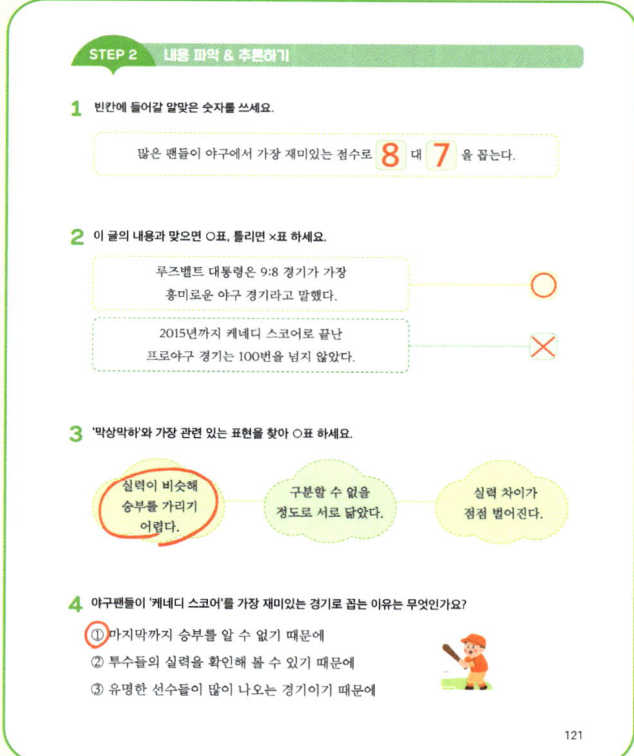

STEP 2 내용 파악 & 추론하기

1 빈칸에 들어갈 알맞은 숫자를 쓰세요.

> 많은 팬들이 야구에서 가장 재미있는 점수로 **8** 대 **7** 을 꼽는다.

2 이 글의 내용과 맞으면 ○표, 틀리면 ×표 하세요.

루즈벨트 대통령은 9:8 경기가 가장 흥미로운 야구 경기라고 말했다. ○

2015년까지 케네디 스코어로 끝난 프로야구 경기는 100번을 넘지 않았다. ×

3 '막상막하'와 가장 관련 있는 표현을 찾아 ○표 하세요.

실력이 비슷해 승부를 가리기 어렵다. (○)

구분할 수 없을 정도로 서로 닮았다.

실력 차이가 점점 벌어진다.

4 야구팬들이 '케네디 스코어'를 가장 재미있는 경기로 꼽는 이유는 무엇인가요?

① 마지막까지 승부를 알 수 없기 때문에
② 투수들의 실력을 확인해 볼 수 있기 때문에
③ 유명한 선수들이 많이 나오는 경기이기 때문에

121

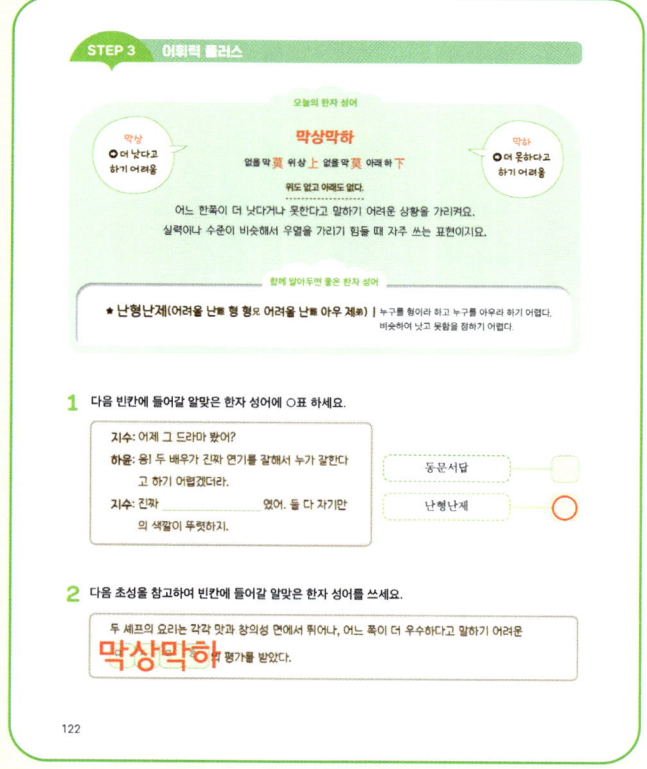

STEP 3 어휘력 플러스

오늘의 한자 성어

막상
○더 낫다고
하기 어려움

막상막하

없을 막 莫 위 상 上 없을 막 莫 아래 하 下

막하
○더 못하다고
하기 어려움

위도 없고 아래도 없다.

어느 한쪽이 더 낫다거나 못한다고 말하기 어려운 상황을 가리켜요.
실력이나 수준이 비슷해서 우열을 가리기 힘들 때 자주 쓰는 표현이에요.

함께 알아두면 좋은 한자 성어

★ 난형난제(어려울 난難 형 형兄 어려울 난難 아우 제弟) | 누구를 형이라 하고 누구를 아우라 하기 어렵다.
비슷하여 낫고 못함을 정하기 어렵다.

1 다음 빈칸에 들어갈 알맞은 한자 성어에 ○표 하세요.

지수: 어제 그 드라마 봤어?
하율: 응! 두 배우가 진짜 연기를 잘해서 누가 잘한다
  고 하기 어렵겠더라.
지수: 진짜 _____ 였어. 둘 다 자기만
  의 색깔이 뚜렷하지.

동문서답

난형난제 (○)

2 다음 초성을 참고하여 빈칸에 들어갈 알맞은 한자 성어를 쓰세요.

두 셰프의 요리는 각각 맛과 창의성 면에서 뛰어나, 어느 쪽이 더 우수하다고 말하기 어려운 **막상막하** 평가를 받았다.

122

25일차

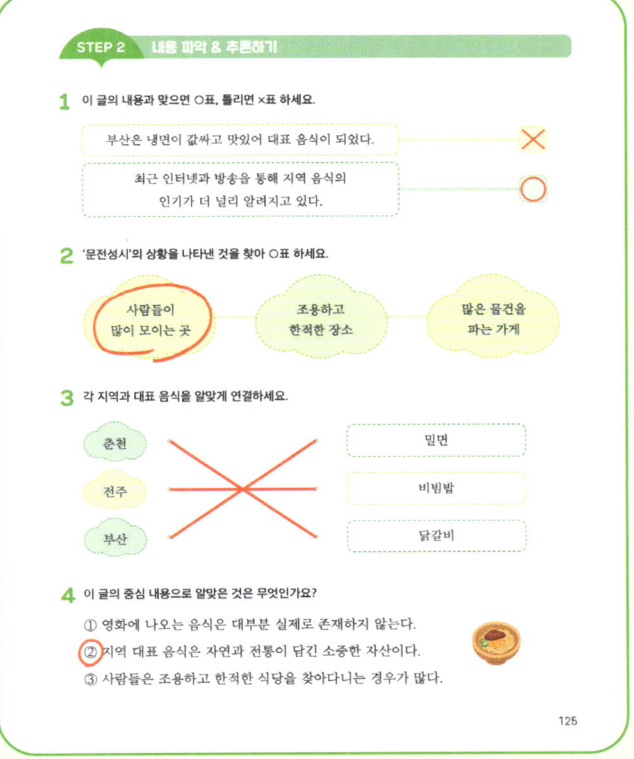

STEP 2 내용 파악 & 추론하기

1 이 글의 내용과 맞으면 ○표, 틀리면 ×표 하세요.

부산은 냉면이 값싸고 맛있어 대표 음식이 되었다. × ✕

최근 인터넷과 방송을 통해 지역 음식의 인기가 더 널리 알려지고 있다. ○

2 '문전성시'의 상황을 나타낸 것을 찾아 ○표 하세요.

(사람들이 많이 모이는 곳) — 조용하고 한적한 장소 — 많은 물건을 파는 가게

3 각 지역과 대표 음식을 알맞게 연결하세요.

춘천 — 밀면
전주 — 비빔밥
부산 — 닭갈비

4 이 글의 중심 내용으로 알맞은 것은 무엇인가요?

① 영화에 나오는 음식은 대부분 실제로 존재하지 않는다.
② 지역 대표 음식은 자연과 전통이 담긴 소중한 자산이다.
③ 사람들은 조용하고 한적한 식당을 찾아다니는 경우가 많다.

125

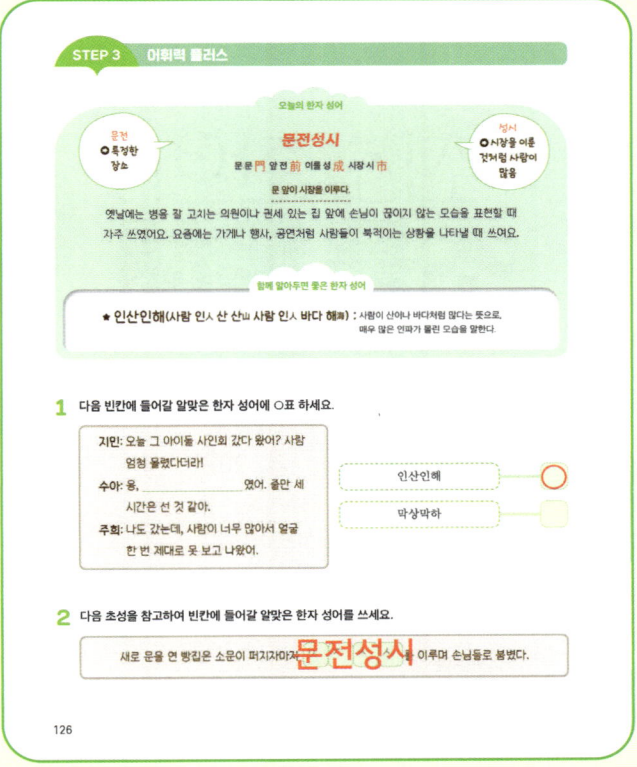

STEP 3 어휘력 플러스

오늘의 한자 성어

문전: ○특정한 장소
성시: ○시장을 이룬 것처럼 사람이 많음

문전성시

문 문 門 · 앞 전 前 · 이룰 성 成 · 시장 시 市

문 앞이 시장을 이루다

옛날에는 병을 잘 고치는 의원이나 권세 있는 집 앞에 손님이 끊어지지 않는 모습을 표현할 때 자주 쓰였어요. 요즘에는 가게나 행사, 공연처럼 사람들이 북적이는 상황을 나타낼 때 쓰여요.

함께 알아두면 좋은 한자 성어

★ 인산인해(사람 인 人 산 산 山 사람 인 人 바다 해 海) : 사람이 산이나 바다처럼 많다는 뜻으로, 매우 많은 인파가 몰린 모습을 말한다.

1 다음 빈칸에 들어갈 알맞은 한자 성어에 ○표 하세요.

지민: 오늘 그 아이돌 사인회 갔다 왔어? 사람 엄청 몰렸다더라!
수아: 응, _____였어. 줄만 서다 시간은 선 것 같아.
주희: 나도 갔는데, 사람이 너무 많아서 얼굴 한 번 제대로 못 보고 나왔어.

인산인해 ○
막상막하

2 다음 초성을 참고하여 빈칸에 들어갈 알맞은 한자 성어를 쓰세요.

새로 문을 연 빵집은 소문이 퍼지자마자 **문전성시**를 이루며 손님들로 붐볐다.

126

Test

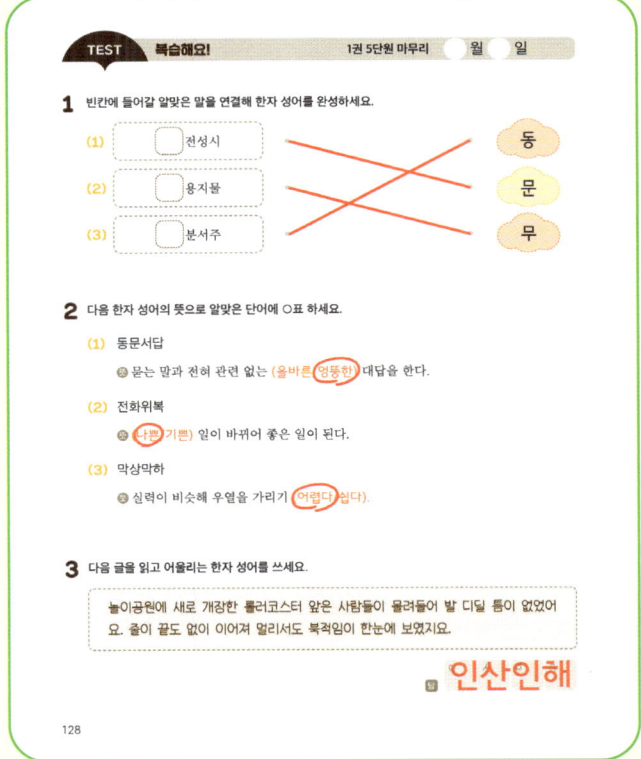

TEST 복습해요! 1권 5단원 마무리 월 일

1 빈칸에 들어갈 알맞은 말을 연결해 한자 성어를 완성하세요.

(1) ☐ 전성시 — 동
(2) ☐ 용지물 — 문
(3) ☐ 분서주 — 무

2 다음 한자 성어의 뜻으로 알맞은 단어에 ○표 하세요.

(1) 동문서답
☞ 묻는 말과 전혀 관련 없는 (올바른 / 엉뚱한) 대답을 한다.

(2) 전화위복
☞ (나쁜 / 기쁜) 일이 바뀌어 좋은 일이 된다.

(3) 막상막하
☞ 실력이 비슷해 우열을 가리기 (어렵다 / 쉽다).

3 다음 글을 읽고 어울리는 한자 성어를 쓰세요.

놀이공원에 새로 개장한 롤러코스터 앞은 사람들이 몰려들어 발 디딜 틈이 없었어요. 줄이 끝도 없이 이어져 멀리서도 북적임이 한눈에 보였지요.

☞ **인산인해**

128

143

최소한의 초등독해 1권

초판 1쇄 인쇄 2025년 12월 8일
초판 1쇄 발행 2025년 12월 22일

지은이	김연수
펴낸이	하인숙

기획총괄	김현종
책임편집	김아롬
마케팅	김미숙
그림	달콩(서은숙)
디자인	**표지** 김지현 | **본문** d.purple
사진 그림	Freepik

펴낸곳	더블북
출판등록	2009년 4월 13일 제2022-000052호
주소	서울시 양천구 목동서로 77 현대월드타워 1713호
전화	02-2061-0765 팩스 02-2061-0766
블로그	https://blog.naver.com/doublebook
인스타그램	@doublebook_pub
페이스북	www.facebook.com/doublebook1
이메일	doublebook@naver.com

© 김연수, 2025
ISBN 979-11-93153-93-2 (64710)
ISBN 979-11-93153-92-5 (세트)